图解 精益制造 090

生产现场可视化

図解入門ビジネス
製造現場の見える化の基本と実践がよ〜くわかる本

[日] 石川秀人 著

韩冰 译

前　言

关于人类的感官，古希腊的亚里士多德曾将其分成了五类：视觉（用眼睛看）、听觉（用耳朵听）、味觉（用舌头尝）、嗅觉（用鼻子闻）和触觉（用皮肤感觉）。

其中，视觉是指，通过由可见光等光信息推断外界构造的生理机能，来推断（辨别）外界物体的颜色、形状、类别、位置等空间信息的一种感觉。

在日语中，视觉的动词就是"見る"（看）。那么让我们来看看它在词典（引自《大辞林》）中的含义吧。

（1）通过视觉感知物体的形状、颜色和外观。"从正面看一个建筑物"。

（2）出门看风景（也写作"観る"，观赏）。"去看（赏）樱花"。

（3）观看戏剧、电影或体育赛事（也写作"観る"）。"去看（观看）歌舞伎表演"。

（4）理解文字、图画所代表的内容。"看（阅读）早报"。

（5）认识到事物是存在的。经常以"みられる（被看见）"的形式使用。"罕见（很难被看见）的奇才"。

(6) 审视事物的状态等，以做出判断。"看（观察）云彩"。

(7) a. 判断、评价。"小看（低估）了这个社会"。

b. 医生检查一个人的身体，以判断其健康状况（也写作"诊る"）。"给患者看（诊）病"。

c. 占卜、算命。"看（占卜）手相"。

d. 鉴定。"他鉴定这是一休的真迹，所以不会错的"。

e. 表示从该立场或观点来判断（例如，"从……的角度来看"）。"从我的观点来看，二者是半斤八两"。

f. 以特定的范围为对象，得出结果或结论（如"从……看到"）。"从流行歌曲中看到的社会世态"。

(8) 照顾某人，以防止坏事发生（也写作"看る"）。"照看（照顾）住院的父母"。

(9) 负责提供指导和建议。"照看我儿子学习"。

(10) 不利的事情发生在身上。经历。"遭受失败"。

(11) 实现了行动或作用。"（看到了）完成"。

(12) 见面，特别是与异性见面，以及男女交合。"但望切勿将私会之事泄露于人（源氏物语/帚木）"。

(13) 作为夫妻生活。"我能和这样的一个人结婚才好（源氏物语/藤壶）"，以及"视而不见"等。

在日语中，"看（見る）"这个词有多种含义，可以写成"観る（观察）"、"診る（检查）"、"看る（照顾）"或"視る（调查）"。

英语中，"看"也有多种表达方式，如 look（看），watch

前　言

（注意），see（看，检查，理解），eye（盯着看），stare（盯着，瞪着），等等。

那么，如果不是人而是公司，会追求一种什么样的"看见"呢？你希望通过"看"来达到什么样的目的呢？在这本书中，我们就来探讨一下生产现场中的"可视化"问题。

石川秀人
2020年2月

目　录

第 1 章　可视化的意义

- 1-1　促成结果的管理模式 …………………………… 002
- 1-2　行动管理 …………………………………………… 007
- 1-3　可视化的目标 ……………………………………… 010
- 1-4　可视化的作用 ……………………………………… 014
- 1-5　从七个角度看待可视化 …………………………… 017
- 专栏　造物就是育人 ………………………………………… 019

第 2 章　使物品可视化

- 2-1　物品不可见导致的过错 …………………………… 022
- 2-2　通过 5S 管理使物品可视化 ……………………… 025
- 2-3　整理的重点 ………………………………………… 028
- 2-4　推进整理环节的工具 ……………………………… 031
- 2-5　整顿的重点 ………………………………………… 034

I

2-6	推进整顿环节的工具	037
2-7	清扫的重点	040
2-8	推进清扫环节的工具	043
2-9	清洁的重点	046
2-10	推进清洁环节的工具	049
2-11	素养的重点	052
2-12	推进素养环节的工具	055
2-13	可视化和 5S 管理	058
专栏	通过 5S 管理，我们对改善有了初步的认知	061

第 3 章　使 4M 可视化

3-1	4M 不可见造成的过错	064
3-2	人力的可视化和改善	067
3-3	通过工作抽样使动作的浪费可视化	070
3-4	通过时间观测使动作的浪费可视化	074
3-5	通过拍摄视频进行动作分析	077
3-6	使人机作业组合可视化	080
3-7	使人的动作和机械配置可视化	083
3-8	使"一人工"可视化	086
3-9	大部屋化	089
3-10	使人员和技能可视化	092
3-11	使人的生产率可视化	095

3-12	机器、设备的可视化和改善	098
3-13	使设备状态可视化	101
3-14	通过自主维护减少浪费	106
3-15	使工序能力可视化	110
3-16	使设备生产率可视化	114
3-17	方式、方法的可视化和改善	117
3-18	标准作业的可视化	119
3-19	方式、程序和方法的标准化	122
3-20	指导员工按照标准作业	127
3-21	生产速度的标准化	130
3-22	使生产速度的生产效率可视化	135
3-23	原材料、外购品、物料的可视化和改善	138
3-24	使库存管理可视化	141
3-25	使订单管理可视化	144
专栏	生产现场改善期间的阻力	146

第4章 使 QCDS 可视化

4-1	使不合格品可视化	150
4-2	使品质优良与否可视化	153
4-3	在工序中完善品质	156
4-4	从源头找原因寻对策	161
4-5	通过流出对策保证质量	166

4-6	通过批次保证，防止不良品流出	169
4-7	使质量记录可视化的对策	172
4-8	使成本可视化	177
4-9	成本管理	180
4-10	维持、控制和降低成本	185
4-11	成本核算	188
4-12	使成本改善的重点可视化	191
4-13	管理设计交期	195
4-14	管理生产交期	200
4-15	管理进出货的交货期限	204
4-16	使事故预防可视化	207
4-17	安全第一	211
4-18	使机械的安全性可视化	214
4-19	使职业健康可视化	218
专栏	供应商的可视化	220

第5章　使信息可视化

5-1	使当日的工作可视化	222
5-2	使进度和产量可视化	225
5-3	使图纸和说明书等纸质信息可视化	228
5-4	使电子数据信息可视化	231
5-5	管理设计信息	234

5-6	生产信息的可视化	237
专栏	可视化还可以帮助减肥	239

第 6 章　使日常管理可视化

6-1	方针管理和日常管理	242
6-2	制定标准、规范和守则,并使其可视化	245
6-3	调查规则未能被遵守的原因并采取对策	248
6-4	使异常情况可视化	253
6-5	通过管理板将各种日常管理项目可视化	256
6-6	日常管理中的变更管理	260
专栏	日常管理的目的是什么?	262

第 7 章　使方针和理念可视化

7-1	使理想状态和目标状态可视化	264
7-2	使目的、方针和目标可视化	267
7-3	使活动可视化	270
7-4	使发现和智慧可视化	273
7-5	提高改善的水平	276
专栏	在海外开展的 KAIZEN(持续改善)活动	278

第 8 章　使整体和经营情况可视化

8-1	使工厂可视化	282
8-2	俯瞰整个工厂	285
8-3	将整体视觉化	288
8-4	摆脱生产者的思维模式	291
8-5	通过整流化改善，缩短交货时间	294
8-6	使经营可视化	297
8-7	通过可视化改善整个公司	300
专栏	改革不成功的原因	302

特别篇　可视化水平代表了公司的水平

可视化水平检测100题 ………………………………… 306
　专栏　不要隐瞒缺陷 …………………………………… 313

结　　语 ………………………………………………… 315

第 1 章

可视化的意义

在生产现场,各种事物的不可见性会造成生产线的超负荷、不均衡和浪费,从而引发各种问题,如不能按计划行事、不能增加产量、不能按期交货、不能获得利润、给客户带来不便,以及造成员工辞职,等等。

为此,我们将在本章中为您介绍可视化在生产现场中的意义、目的和作用。

1-1
促成结果的管理模式

摒弃基于结果的管理模式。

▶▶ 基于结果的管理模式

工厂通常会在月初或年初制定**生产计划**，在月底或年末进行**绩效**考核，来核定绩效是否达到了当初制定的目标。这种注重生产计划和绩效的**存量化**管理，是**基于**结果的管理模式。

在执行这种基于结果的管理模式时，假如绩效没有达到当初预期的目标，我们只能对原因进行猜测：是不是因为规格出现了重大的偏差？是不是因为分派了新员工？是不是因为生产了过多的不良部件？

通常意义上的"可视化"，只不过是把"本月残次品件数""实际产量"等绩效数值，用图形或表格整齐地列出来。在看到结果后，我们的情绪也会随着结果的好坏而起伏。殊不知，这种管理方式早就已经**过时**了。

▶▶ 促成结果的管理模式

每月的各项**生产经营活动**，与月初或年初制定的生产计划能否完成息息相关。我们如果能够瞬时捕捉到时刻变化的生产经营情况，**在当下做出改善**，并判断是否行之有效，就会促成积极的结果。这种注重生产经营活动的**流量化**管理，是**促成**结果的管理模式。

也就是说，使生产经营活动的**日常进程可视化**，对其进行**实时监控**，可以让我们找到问题的根源所在，比如"规格发生了改变，导致产品没有做好"，"分派了新员工，导致生产率下降"，或"设备有故障，导致稼动时间减少"，等等，从而针对这些问题实施改善。如果每天都能够做出调整，解决各种问题，那么到了月底就可以达成预期的目标。我们应该采取**即时管理**模式，使**当下可视化**，执行**PDCA 循环**，从而督促主管和作业员采取行动，这比做一个漂亮的图表或清单更为重要。

从基于结果的管理模式到促成结果的管理模式

基于结果的管理模式

基于结果（如财务信息或成本核算等）的管理模式，是一种以存量为导向的管理方法，主要侧重于生产计划和绩效。

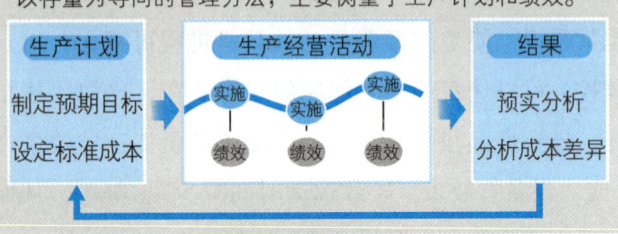

促成结果的管理模式

促成结果的管理模式，是一种以流量为导向的管理方法，主要侧重于生产经营活动。管理者通过监测来捕捉当下的情况，然后不断进行改善，并判断是否有效，以实现计划，促成结果。

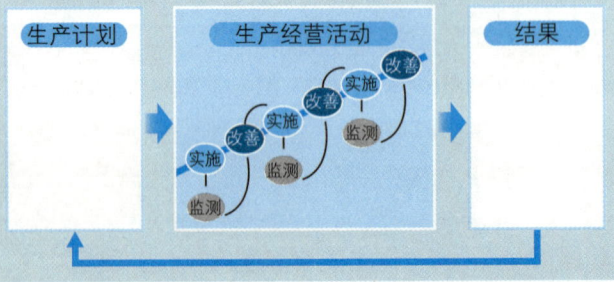

第1章 可视化的意义

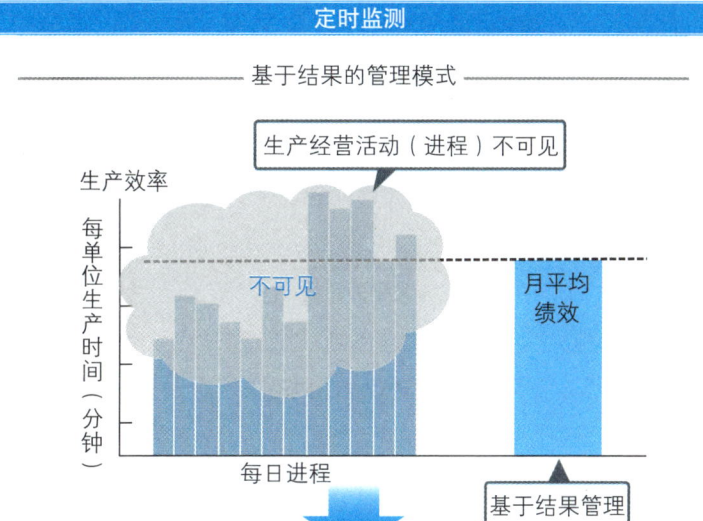

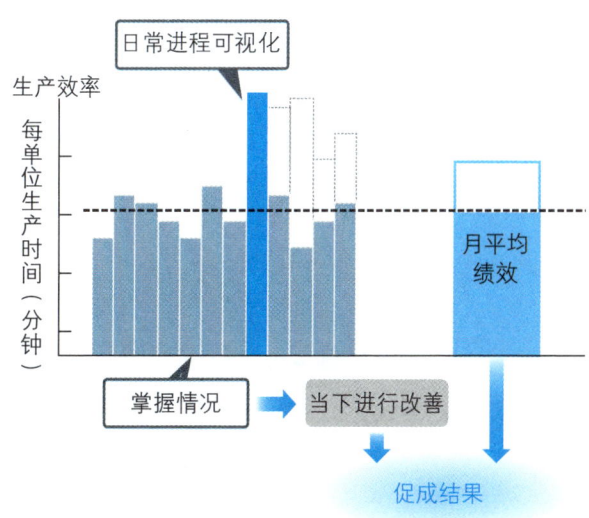

日常进程可视化

促成结果的管理模式

生产情况会因各种事件而不断发生变化

工厂中的可视化

日常进程的可视化

监测行动

改善活动的可视化

即时管理

基于结果的管理模式

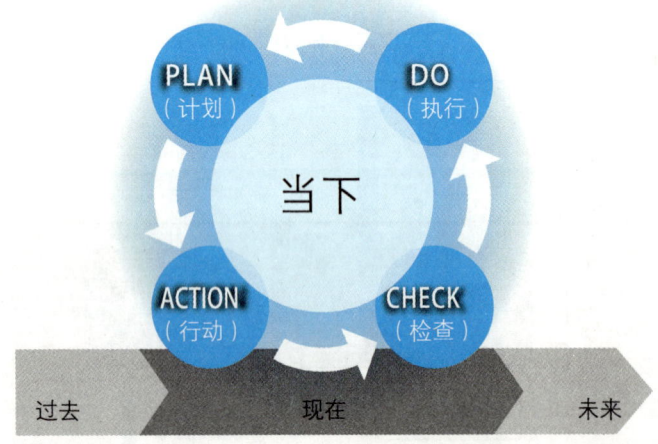

1-2
行动管理

　　管理项目（Control Points）可分为结果系管理项目和要因系管理项目两种类型。

▶▶ **结果指标**

　　企业会制定出经营和管理的目标和愿景。根据经营方针，落实到部门目标中，最终对公司或组织所期望的结果加以衡量的项目，就是**结果系管理项目**。换句话说，就是明确在何时之前，将何种指标做到何种程度的项目。其中，"何种指标"对应的是**结果指标**。

　　例如，设定"每合计时间的产量"或"不良产品流出率"等结果指标，对生产实施测定或监管，以便在偏离正常生产情况时能够及时采取措施。

▶▶ **管理指标**

　　为了实现月底或年底期望达到的结果指标，我们需要实施对策、开展具体的生产活动。也就是说，要明确在促成结果的管理模式下，需要采取的具体**行动**(流程)。

例如，对于提高"每合计时间的产量"这样的结果指标，我们首先要确定应该采取什么样的具体行动，如"减少不良和返工浪费"或"减少动作浪费"等。

具体说明所要采取的行动是否适当的项目，就是**要因系管理项目**。换句话说，它是一种明确了在何时之前，将何种指标做到何种程度的项目。这里的"何种指标"对应的是**管理指标**。比如，上述例子中相应的"不良和返工的次数"和"动作浪费的时间"就是管理指标。

在促成结果的管理模式下，我们可以利用这种管理指标实施管控。对于以结果指标为导向的目标来说，有时候我们尽管尽了最大努力，但由于环境的变化，出现了更加强大的竞争对手，可能导致无法取得预期的结果。因此，在以结果指标为导向实施管理时，由于结果会受到外界因素影响，可能会造成管理不当。另一方面，对于以管理指标为导向的目标来说，这种目标是可控的。我们可以通过人的意识和行动，来调整目标实现的程度。管理指标由于受人的意识和行动的影响，因此适合用来评价、管理人的意识和行动。

▶▶ 行动管理

要因系管理项目下的管理指标，是判断对策和行动是否得当的项目，是孵化出结果的基础。其用于判断工作执行中，是否存在异常以及异常的程度，因此也被称为**行动指标**。管理指标是衡量和监测行动是否适当、是否有助于实现预期目标的一

第1章 可视化的意义

把"尺子",因此,如果能通过管理指标直观地看清当前情况,并不断采取正确的措施,自然会达成既定的结果指标。

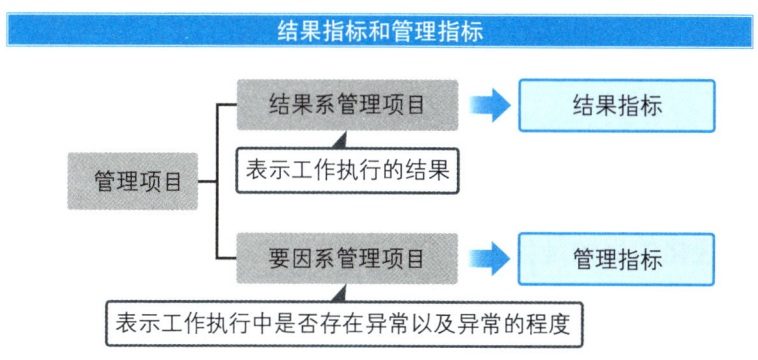

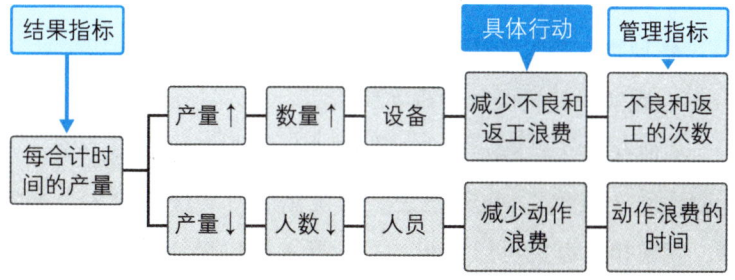

给为了达成结果指标而采取的具体行动下定义

1-3
可视化的目标

用可视化指导行动。

> **可视化的目的是什么**

处于不可见的状态下,就等于是在黑暗中摸索,不知该往哪个方向走。让不可见的事物变得可视化之后,就可以避免纸上谈兵,而是通过"三现"原则(三现主义),即:

- **现场**:快速到"现场"去
- **现物**:亲眼确认"现物"
- **现实**:认真探究"现实"

从而探究(思考)改善计划,选择(判断)对策方案,并采取行动(改善)。也就是说,可视化是引发行动的一个**触发器**,就像扣动扳机可以开枪,打开开关可以激活设备,可视化也同样起着触发的作用。

然后,通过"可视化→认识→思考→判断→行动"这一系列的连锁动作,让浪费的情况突显出来,增加改善需求,促成改善行动,致使浪费消除。

第1章 可视化的意义

"三现"原则

纸上谈兵 → 现场、现物、现实

- 现场，快速到"现场"去
- 现物，亲眼确认"现物"
- 现实，认真探究"现实"

可视化是行动的触发器

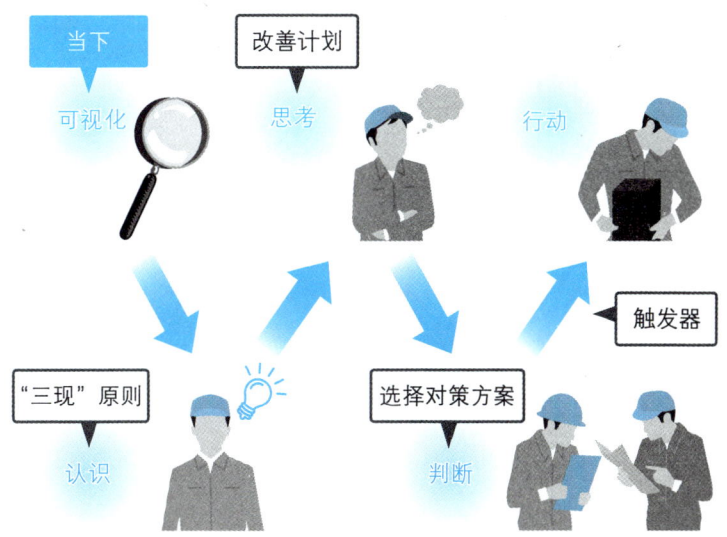

▶▶ 将知识转化为行动

如今这个时代,充斥着海量的信息,如果有不明白的事情,在互联网上搜索马上就可以得到答案,掌握相应的知识。不过,无论经营者具备多么丰富的知识,如果不能将其转变成可以应用在自家公司的智慧,不能触发实际的行动,那就成了空有一番理论了。没有行动,就不会产生结果。可视化就是那个将知识转化为行动的工具。

通过可视化将知识转化为行动

—— 没有行动,就不会产生结果 ——

知识	▶	智慧	▶	行动
了解你不知道的事!		思考如何运用到实际		采取行动,产生效果

将知识转化为智慧和行动

第1章 可视化的意义

▶▶ **人力资源开发**

可视化让日常工作得以改善，员工在这样的进程下，也会有所成长。他们的**价值观**，从之前的看不见、无作为，转变成了能够看到、必须付诸行动。由此，他们开始充分地意识到自己并不是旁观者，想要主动做一些事情。**意识**转变了，行为（**行动**）就会跟着改变。

如果管理者能够培养出一批以这种方式行事的员工，就能将战略付诸实践，并逐步改良组织及其文化，从而取得**成果**。

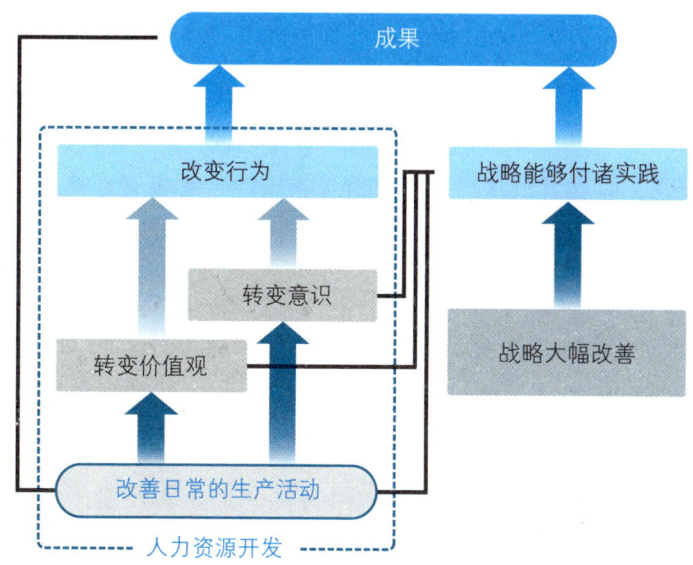

人力资源开发

通过改善日常的生产活动，让员工的价值观和意识发生转变，改变他们的行为，从而收获成果。

1-4
可视化的作用

可视化为管理和改善奠定了基石。

▶▶ 管理与冰山之间的相似性

一个企业会面临各种各样的**管理挑战**(经营课题)，如战略实施、提升质量、提高销量、缩短交付周期、降低成本，等等。如果把企业的经营管理构架比喻成一座冰山，那么这些问题就是冰山露出水面可见（或可识别）的那部分。每个企业都会建立一套**机制（系统）**，采取一系列举措来解决这些问题。然而，引入这些系统的公司，并不一定能够获得成效。例如，在很多情况下，管理者只从形式上模仿（丰田的）**看板管理模式**，只将其用在产品标签的制作上，对降低成本根本毫无帮助，更不用说准时制生产（Just In Time）了。虽然当今**物联网（IoT，Internet of Things）** 盛行，但人们往往在发现了异常的迹象后，还是手足无措，无法采取任何行动。如果你只是简单地引入一个时髦或流行的机制（系统），模仿成功公司的管理方法，其实并不能解决自己的问题。因为每个企业的环境土壤、行事作风和企业文化是不同的，别人的管理方式不一定适应自己企业的风格。

另一方面,所谓"冰山一角",冰山藏在水面下的部分,远比你能看到的要大得多。如果想让系统良好地运作起来,顺利解决问题,你必须关注隐藏在水面下的那部分。那就是**管理和改善的基石**(**管理模式的基础**)。没有这个基石,就不可能将其他公司的优秀系统和基本配套措施进行改良,并将其融入到自己企业的DNA中。只有在打下基础的情况下,系统才能发挥作用,管理任务才能实现。

▶▶ 奠定管理和改善的基石

管理和改善的基石,是各种卓越的机制(系统)在快速变化的环境中,能够不断适应形势的基础。如果这些基础薄弱,那么上层的机制(系统)将无法发挥作用,管理问题也将无法得到解决。

以可视化为工具,为管理和改善打下基础,并根据自己公司的情况对机制(系统)加以调整,就能解决各种管理方面的问题。

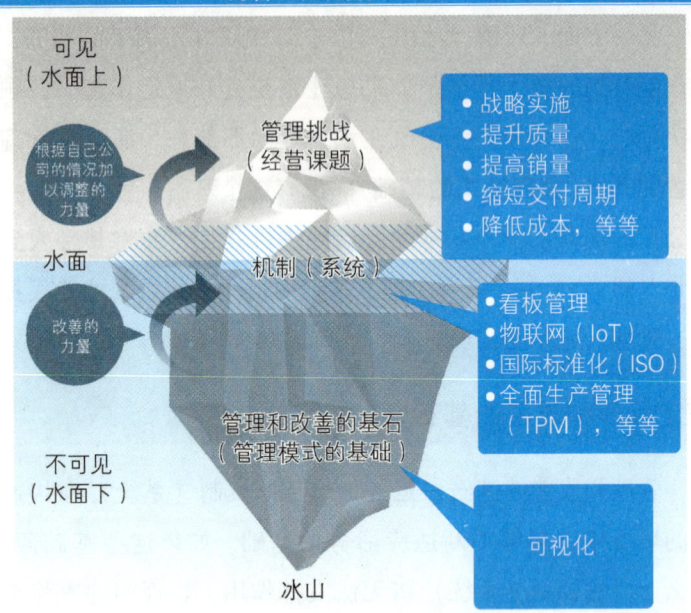

冰山

1–5
从七个角度看待可视化

细数不可见的"七宗罪"

▶▶ **不可见的"七宗罪"**

不可见以何种方式,造成了哪些过错呢?

① 物品不可见:在生产现场的实物,如材料、产品、在制品(半成品)、不良品、工具、夹具等不可见的情况下,会造成因寻找、等待产生的时间浪费,生产过剩、不良品流出等现象。

② 4M不可见:当作业者、设备、方法和材料(Man、Machine、Method、Material)都不可见时,就会造成超负荷(负担过重)、不均衡(波动、不稳定)和浪费(不增值)等过错。

③ QCDS不可见:如果品质、成本、交期、安全(Quality、Cost、Delivery、Safety)不可见,将会造成不良品增加、成本上升、延迟交付和重大生产安全事故等过错。

④ 信息不可见:在开发、采购、生产、搬运、提货、销售等各种信息不可见的情况下,会造成无法掌握生产状况、生产计划混乱、货物短缺、错误交货、用错误的图纸生产等过错。

⑤ 日常管理不可见：如果生产管理、采购管理、库存管理、工序管理、质量管理、设备管理、成本管理、安全管理、人力资源管理等日常管理不可见，人员管理以及设备的负荷和生产能力就无法协调，从而造成库存积压、产生呆滞库存，以及生产线停工等过错。

⑥ 方针和理念不可见：在各组织、层级、部门、国籍、年龄、性别、关联公司等并存的情况下，如果方针和理念不可见，就会导致相互之间的步调和方向不一致，各行其是，造成频繁出现临时应付现象等过错。

⑦ 整体以及经营情况不可见：在只关心自身周围而没有大局观念的情况下，员工会觉得做好自己负责的部分（自工序）就万事大吉，始终只盯着局部的优化，而无法看到整个工厂的情况。另外，自身的努力没有在经营情况中得到反馈，员工就

不可见的"七宗罪"

①物品
②4M
③QCDS
④信息
⑤日常管理
⑥方针和理念
⑦整体以及经营情况

第1章 可视化的意义

无法获得激励，理解不到管理层的意图，从而对公司（和自己）的未来感到焦虑。这些都是"不可见"造成的过错。

本书将在以下章节中，为您介绍生产经营的改善方法，从而消除这不可见的"七宗罪"。

造物就是育人

制造业的原则在于降低在制品库存，提高生产力以及降低成本等，但这些只是结果，我们真正的目的是让每个员工都能发挥出自己的能力。

如果你追求短期的目标，你可能会得到暂时的成果，但这些成果很快就会消失。

如果想取得长期、可持续的成果，那么培养人才是不可或缺的。如果能最大限度地激发每个员工的能力，自然而然就可以提高生产力，降低成本。

这就是为什么我们说，造物就是育人。

第 2 章

使物品可视化

如果生产现场的实物（如材料、产品、在制品、返工品、不良品、工具、夹具、量具等）处于不可见的状态，就会造成因寻找、等待产生的时间浪费，生产过剩、不良品流出等现象。5S 管理是将这些物品可视化的一个工具，它对于奠定管理和改善的基础来说，是至关重要的。

因此，在本章中，我们将为您介绍如何通过贯彻实施 5S 管理，来实现物品的可视化。

2-1
物品不可见导致的过错

实物不可见以何种方式,造成了哪些过错呢?

▶▶ **物品不可见造成的过错**

生产现场中,存在着各种各样的实物。例如,材料、产品、在制品、不良品、保留品、返工品、工具、夹具、量具等。当我们看不到这些实物在哪里,有多少,处于什么状态时,就会导致以下过错:

- 花时间寻找:因寻找材料、在制品、成品、工具、夹具等而浪费时间。
- 出现失误:合格品、不良品、保留品装配错误,导致装混和流出。
- 不知所措:搞不清楚哪些物品是对的或新的,需要问过别人才能知道。
- 记忆混乱:忘记把物品放在哪里,是什么时候的事,拜托给了谁,我来这里做什么,等等。

第 2 章 使物品可视化

物品不可见导致的过错

- 不知所措
- 花时间寻找
- 记忆混乱
- 出现失误

▶▶ 让物品变得可见

实物发生不可见的情况，比如不知去向、找寻不到等，原因可能在于管理者没有执行 **5S 管理**。一般来说，人们容易把 5S 管理简单地理解成"清扫"、"清洁"和"整理"。然而，如果仅是这样看待的话，5S 管理就会变成一种单纯的喊口号，推进不下去，也无法落实和扎根。

将 5S 管理作为可视化的工具，可以避免出现**花时间寻找**、**出现失误**、**不知所措**和**记忆混乱**等问题，反过来也会促成"**快好易省**"（快速、正确、容易和节省）。

▶▶ 什么是 5S 管理

5S 管理是一种科学的管理思想，其内容包括：**整理**（SEIRI）、**整顿**（SEITON）、**清扫**（SEISO）、**清洁**（SEIKETSU）、**素养**（SHITSUKE），5S 取自 5 项内容的首字母 S。

物品可视化的工具

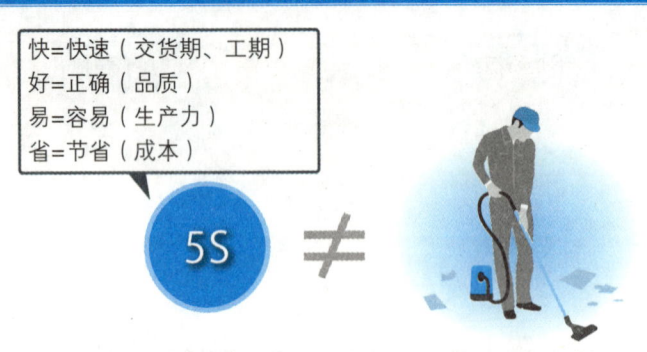

快=快速（交货期、工期）
好=正确（品质）
易=容易（生产力）
省=节省（成本）

5S ≠

※不能将5S管理单纯地理解成"清洁"、"整理"和"清扫"。

2-2
通过 5S 管理使物品可视化

5S 管理本身就是改善的手段。

⏩ 什么是改善活动

改善活动并不只是派一名员工做做清洁和整理那么简单。它包括**让每个员工都参与进来**,创造一个**改善的环境**,在这个大环境下发现问题,制定改善计划,实施改善措施并检验其有效性等一系列的活动。通过在这样的环境下,不断地开展改善活动,会让改善的水平呈螺旋式上升。

⏩ 通过 5S 管理进行改善的步骤

将 5S 管理作为一项改善措施推进时,应遵循以下步骤:

① 活动准备:明确目的、定义和目标,建立制度(推进委员会、事务局、宣导员),明确 5S 管理推进区等。

② 启蒙教育:通过海报和新闻对员工进行启蒙、开展 5S 管理基础教育、案例分析、改善宣导员和 5S 培训师授课等活动。

③ 推进整理环节:在 5S 管理中,首先要单独进行彻底的整理。

④ 推进整顿环节：通过整理，只留下有用的物品后，要把它们整顿安排好。

⑤ 推进清扫、清洁和素养的环节：在整理和整顿的 2S 工作完成后，接下来就开展其余的 3S 工作。

⑥ 落实 5S 管理：建立制度，使 5S 管理的理念落地生根。

⑦ 横向开展 5S 管理：将示范区的经验推广到其他车间，进而在整个公司推广。

通过5S管理进行改善的步骤

步骤	说明
5S管理的准备活动	明确目的、方针和目标，建立制度，明确5S管理推进区（工作示范区）
5S管理的启蒙和教育	开展5S管理的基础教育，统一用语
推进整理环节	区分整理和整顿，第一步要先彻底丢弃无用品
推进整顿环节	对于有用品，应该安排好放置地点、放置方式、展示方式，等等，以便能更方便地使用
推进清扫、清洁和素养的环节	通过设定清扫标准、制作值班表、建立清扫模式、定期巡视检查等方式，来实施其他3S管理
落实5S管理	通过制作5S管理检查表、自行点检和安全巡视等机制，来维持5S管理
横向开展5S管理	将范围从示范区扩大到其他车间

▶▶ 5S 管理开展计划

推进 5S 管理活动的时候，应该制定**5S 管理开展计划**（时间表），并迅速执行改善计划。

第2章 使物品可视化

5S管理开展计划（时间表）

甘特图（Gantt chart）

计划 --▶ 实绩 —▶ 完成● 延迟/停滞● 尚未执行○

阶段	项目	状态	7月 1周	2周	3周	4周	8月 1周	2周	3周	4周	9月 1周	2周	3周	4周
导入期	明确目的、方针和目标	●	--▶											
	启蒙教育	●	--▶											
	创造活动的环境	●	--▶											
成长期	拍摄照片以了解当前情况	●	--▶											
	制定整理标准	○		--▶										
	清点搁置的无用品			--▶										
	彻底整理				--▶									
	活用5S管理改善表和红标签（红牌子）					--------▶								
	通过"原因疗法"查明问题						------▶							
	前往整顿						-----▶							
成熟期	对于作为问题根源的上游工序，进行彻底的改善										---▶			
	带着检查表巡视												---▶	
	……													

027

2-3
整理的重点

5S 的 5 个环节不要同时进行,而是应该从整理开始,按顺序一个接一个地进行。整理是指将有用品和无用品明确区分开,并将无用品彻底处理掉的过程。

▶▶ 通过整理只留下当下的必需品

在生产现场,有被客户退回的产品,有因无法确定是否有缺陷而被暂时存放的产品,有如果返工就会变为成品但总是无法返工的产品,有客户要求暂时存放的产品,有销售人员订购的用作样品的产品,有其他公司的标杆产品,有已经停产但仍未售出的产品,还有为客户提供的样品以及技术样机等产品。另外,将来不会用到的原材料,使用过的夹具,不再使用的工具,很久以前的说明书和设计书等技术文件、布满灰尘的纸箱、薄膜、周转箱、托盘和其他搬运器材在生产现场也随处可见,很难区分出来哪些是有用的,哪些是没用的。这时,我们应该将物品分成"**目前有用**"和"**目前无用**"两类,并对无用品进行**处置**。处置并不等于直接全部**废弃**(丢弃或销毁),也可以是将暂时没用的物品**存放**在某个地方。

通过这样的整理工作，可以**移走无用品**，**有效地利用空间**，并对**当前工作**所需物品进行优化管理。

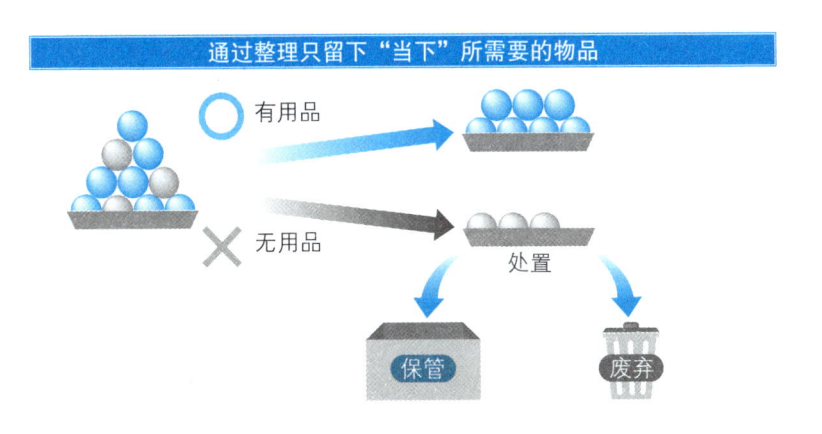

通过整理只留下"当下"所需要的物品

○ 有用品

× 无用品

处置 → 保管 / 废弃

⏩ 时间的尺度

"当下"这一单位就是**衡量时间的尺度**。例如，如果你一大早就为今天的生产工序准备了所有的物料，在一天结束的时候，没有任何物料剩下，那么"1 天"就是时间的尺度。在这种情况下，如果一个产品直至完工还有 5 道工序，那么就会积压下 5 天的半成品，每个产品差不多 5 天才能做完。另一方面，如果像某汽车公司那样，每两小时就有一批物料送达生产线，两小时后装配完成，接下来的物料马上又投送到了，那么时间尺度就是"小时"。在这种情况下，如果一个产品直至完工还有 5 道工序，那么半成品只积压 10 个小时，每个产品差不多一天就能做完。这样一来，衡量在生产线一侧有多少物料的尺度，可以从一天降低到一个班次，从一个班次降低到一个车次，甚至降低到一个小时，像这样通过减少手头或生产线一侧（边）的物料数量，就控制住了在制品（半成品）的数量，从而缩短了交货时间。

这个理念是"**准时制生产**(Just In Time)"概念的出发点，即只在需要的时候，按需要的量，生产所需的产品。时间的尺度越窄，不必要的在制品（半成品）库存就越少，交货时间就越短，现金流也就越充沛。

如果作业员身边（生产线上）只有当前任务所需的材料、零件和工具，就会避免产生动作浪费或不良品浪费，从而提高生产力和产品质量。

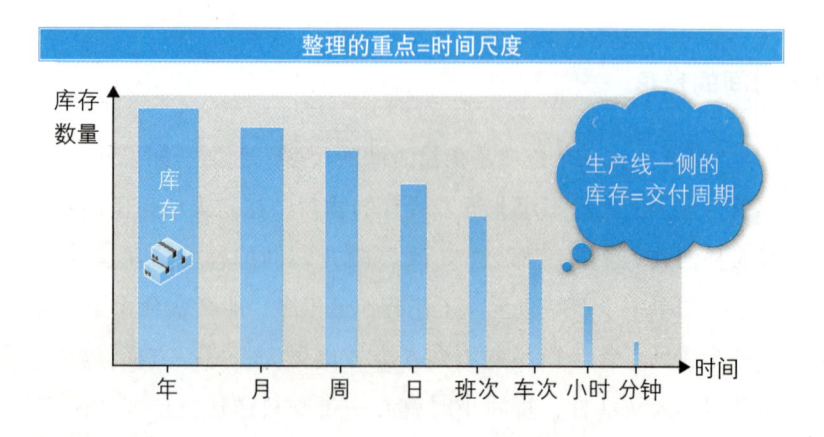

整理的重点=时间尺度

生产线一侧的库存=交付周期

库存数量／时间：年　月　周　日　班次　车次　小时　分钟

2-4
推进整理环节的工具

使不能明确区分出有用或没用的物品可视化,并毫不犹豫地进行处理。

▶▶ 下定决心很关键

整理时,我们容易刻意忽略掉一些物品。因为我们会觉得有一天可能用到它们,留下来没准儿会派上用场,或者扔掉它们可能会受到领导的批评。这时,应该大刀阔斧地处理掉无用品,这样才能保证所需的物品能够被快速准确地找到。

▶▶ 使无用品可视化

整理迟迟无法推进,往往在于**无用品不可见**。如果需要整理的东西就在眼前,那么不管也得管了。因此,作为推进整理的可视化手段,使用以下工具可以彻底督促你采取行动。

• 5S 管理卡/红标签(红牌子):通过给无用品贴上卡片或红色塑料胶带,并列出清单或拍照,来推动车间的整理活动。整理完毕后,取下标签表示确认。

• 改善表:对于还没能进行整理的区域,可以拍下其现状,并将照片贴在表的左半部分，公开在布告栏上使其可视化，来推动车间的整理活动。整理完毕后，应该在一个固定点（之前拍下照片的地方）再拍摄一张照片，并将照片贴在表的右半部分。

- 无用品暂缓处理区、暂存箱：把无法明确区分出有用或没用、处于灰色地带的以及所有权不明的物品集中在一起，放在一个明显的地方，设定一个保管期限，时间到了就把它们处理掉。

整理的标准：设置废弃的标准，使员工能够自己决定扔掉什么。

推进整理环节的工具

5S管理卡/红标签（红牌子）

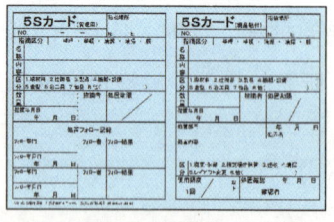

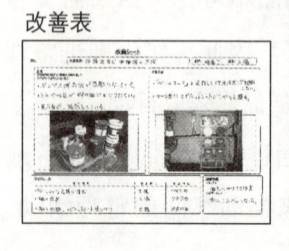

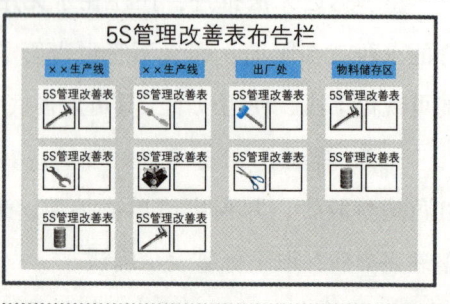

改善表

5S管理改善表布告栏

第2章 使物品可视化

无用品暂缓处理区
期限：9月30日

暂存箱
期限：9月30日

整理的标准

序号	类别	名称(可包括多项)	使用频率	处置类别	处置决定者	废弃审批人	保管期限
1	原材料	卷材，板材	1次/周以上 少于1次/周 少于1次/月	在车间使用 储放管理 临时保管后废弃	负责人 主管 课长	部长	6个月
2	半成品	切割加工完成品、表面未处理品	1次/周以上 少于1次/周 少于1次/月	在车间使用 储放管理 临时保管后废弃	负责人 主管 系长	课长	1个月
3	不良品	检验不合格品，工序中不合格产品	1次/周以上 少于1次/周	在指定的存储区保管 临时保管后废弃	负责人 主管 课长	课长	1个月
4	工具	螺丝刀、扳钳、扳手、锤子	1次/周以上 少于1次/周 少于1次/年	在车间使用 储放管理 临时保管后废弃	负责人 主管 系长	课长	1年

2-5
整顿的重点

完成整理工作后，就可以执行下一步工作——整顿。所谓整顿，就是将有用品摆放好并标示清楚，让人一目了然，以便员工在需要的时候，可以轻松、准确地获取想要的物品。

▶▶ 用 IE 式方法整顿

工业工程学（**IE**，**Industrial Engineering**），也被翻译为作业研究或生产工程学，由"泰勒的科学管理法"和"吉尔布雷斯的动作研究"发展而来。它着眼于每个职业类别中高绩效者所共有的行为特征，并试图从中推导出一套模范行为，从而通过动作研究和作业研究，力求使每个员工都能像熟练工那样工作并富有成效。

其中，我们可以根据**动作经济的原则**（The principles of motion economy）来决定物品的摆放位置以及如何放置。

- 减少行动的次数：通过合理放置材料和工具，来消除寻找和选择等浪费时间的动作。
- 使行动同时进行：确保两只手都能自由活动，不要让自由的手处于等待状态。

第 2 章 使物品可视化

- 缩短行动的距离：行动的距离越长，运动量就越大，也就意味着要消耗更多的劳动力和时间。
- 使行动轻松顺畅：避免用不舒服的姿势作业，比如蹲下或弯腰；尽量降低精神上的消耗，比如做出判断等。

▶▶ 定位、定品、定量（三定原则）

在固定的位置（地点）只放置固定数量的固定物品，并使其可见化。

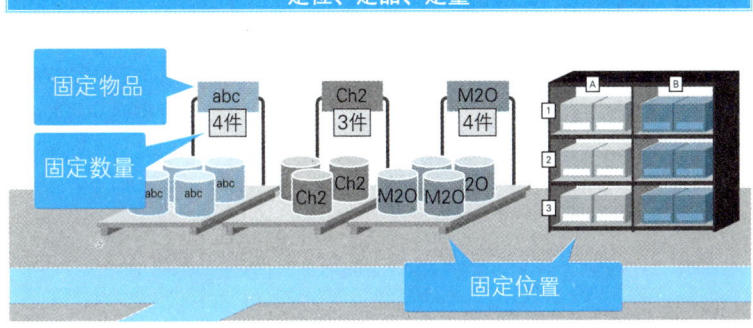

定位、定品、定量

固定物品　abc 4件　Ch2 3件　M2O 4件
固定数量
固定位置

- 定位：根据使用频率、用途和作业工序来决定物品**摆放的位置**，以方便其在**有效范围**（**最优作业区**）发挥作用。一旦决定了摆放的位置，要确保该处有明确的标记，否则，人们就很容易把不相关的东西随意乱放在那里，从而导致物品混乱。因此所有摆放区都应该有明确的标记。
- 定品：固定的**物品**应放置在固定的地方。在图书馆里，书籍本身的编号与书架上的编号是一一对应的。生产现场的物品自身，也应该有明确的**标记**，像图书馆那样**有借有还**。

- 定量：做到定位和定品后，下一步应该做的就是定**量**（**数量**）。每种物品的最大库存量，以最多放置三批或最多堆放至一米高的数量为上限。最小库存量，剩下多少需要补货或放回的数量为下限。

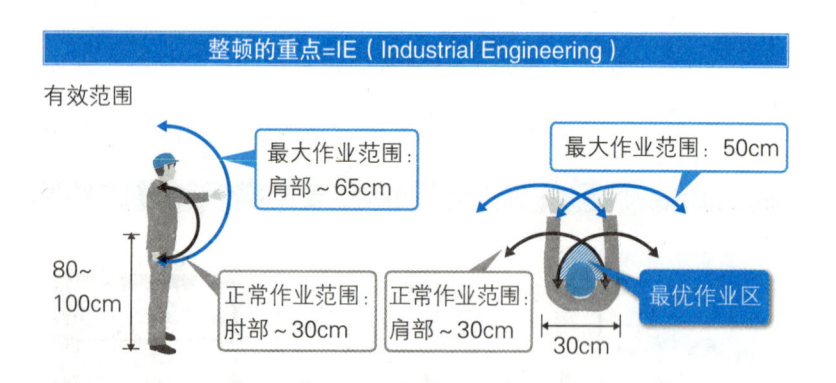

整顿的重点=IE（Industrial Engineering）

有效范围

- 最大作业范围：肩部~65cm
- 最大作业范围：50cm
- 80~100cm
- 正常作业范围：肘部~30cm
- 正常作业范围：肩部~30cm
- 30cm
- 最优作业区

2-6
推进整顿环节的工具

摆放物品时应该一目了然,让每个人都能快速拿到所需的物品,无须找来找去。

▶▶ 决定把物品放在哪里

实行融入了 IE 式作业的放置方法。

放置材料、产品和半成品的原则如下:

- 先入先出(不转运,不重新包装等,最旧的物料最先出库)。
- 搬运方便(结合搬运媒介摆放,如卡车、升降机、手推车等)。
- 容易取出(沿着过道摆放,而不是堆在里面)。
- 按产品分类(避免与其他产品相混淆)。
- 按功能分类(按使用功能划分,如加工、装配、检验等)。
- 模块化(根据使用数量,以 1 个单位×n 个的模块单位摆放)。
- 不直接放置(不直接接触地板)。

放置工装夹具和物料的原则如下:

- 按功能分类(按使用功能划分,如加工、装配、检验等)。
- 工装夹具通用化(通过通用化来减少物品种类)。

- 接近使用点（尽可能接近使用点，以避免不必要的移动）。
- 追踪管理（追踪物品的行迹，使其能够回归到原来的位置）。
- 盲还（使用分装袋，这样即使看不见内容也能归还）。
- 无意识归还（将弹簧绳挂在工具上面，这样当手松开时，工具就会回到原来的位置）。

▶▶ 位置管理

有些物品的数量变化很快，有些则不然，所以我们应该通过以下方式，对物品的摆放位置进行管理。

- 灵活摆放：预先确定一个用于存放同类型物品的区域，并将其置于一个可用的空间。
- 固定摆放：将每个编号的产品都设定好一个存储区域，把特定的产品放在特定的位置。

推进整顿环节的工具

整顿的标准

序号	类别	名称	摆放区域	摆放器材	摆放方式	标示	标示方式	摆放区的标签颜色
1	原材料	卷材、板材、线材、挤压型材、塑料颗粒等	使用地指定摆放区	托盘 货架	平放 平放	库品和摆放区库品	标签和告示牌 标签	黑色 黑色
2	半成品	切割加工完成品，表面未处理品	使用地储放指定摆放区	周转箱 货架 托盘	平放 平放 堆放	摆放区和容器 摆放区和容器 保管容器	标签和告示牌 标签和告示牌 标签	绿色 绿色 蓝色
3	不良品	检验不合格品，工序中不合格品	指定摆放区	托盘	堆放	摆放区和容器	告示牌	黄色

▶▶ 整顿的标准

工厂要为摆放区域、摆放器材（托盘、货架、周转箱等）、摆放方式（平放、堆放等）、标示方式（标签、告示牌等）、摆放区的标签颜色等制定统一的标准。

2-7
清扫的重点

清扫是指经常打扫周围环境和车间,以保持清洁和整齐。

▶▶ 保持随时可以执行作业的状态

清扫是指保持周围环境和车间整洁,使物品处于随时可用的状态。例如,就算通过一系列整理整顿活动,让生产所必需的工具都齐备了,但如果人们使用完之后不把它们放回原处,或者用完了不收拾好,那么下次再想使用时,还是不得不花时间去寻找。所以,我们要杜绝**暂存**、**暂放**,让物品保持"**随用随取**,无须花时间寻找"的状态。这同样适用于作业。完成一项作业后,应该整理好工装夹具、材料和收容箱,做好清洁和润滑,并将它们收纳起来。这样,下次进行同样的作业时,只需很少的准备时间,就可以立即开始进行。想要执行作业时,却发现机器已经生锈,无法运转;或者机器脏兮兮、油腻腻的,不擦干净就没法儿用……这些情况都会给作业带来干扰。当一项作业完成后,应将物料清理干净,为下次作业做好准备。这样的清扫工作,可以保证工厂处于**随时可以执行作业**的状态。

▶▶ 确保能及时发现异常情况

如果清扫工作做得不好,就不容易察觉出漏油等设备异常,导致生产不良品和设备故障。为了避免此类问题的发生,应彻底进行清扫工作,以便及时发现异常情况。这样一来,**日常检修**工作也会更加顺利地开展,从而确保设备得到良好的**维护**。通过清扫,还能够培养员工对设备和物料的爱惜之心。

▶▶ 使清扫成为日常的习惯

每天都应该利用空余的时间,进行小规模的清扫工作,哪怕只花 5 分钟或 10 分钟也好。使清扫工作**变成日常习惯**,将有助于维护正常的生产状态,并增加客户对公司及其产品的信心。

对于每天都要清扫的区域,应使用**清扫值班表**来明确划分清扫时间、负责区域和负责人员。对于平时打扫不到的地方,如用地周边、沟渠、停车场等,可以安排好时间、区域和负责人,进行每月一次或每半年一次的定期清扫。

使清扫成为日常的习惯

清扫值班表 （收工前5分钟）

	星期一	星期二	星期三	星期四	星期五
A	办公室	会议室	厕所	走廊	办公室
B	走廊	办公室	会议室	厕所	走廊
C	厕所	走廊	办公室	会议室	厕所
D	会议室	厕所	走廊	办公室	会议室

山口　铃木
D A
C B
浅井　山田

2-8
推进清扫环节的工具

开发推进清扫环节的工具。

▶▶ 扫除用具开放使用

备齐所需的扫除用具,以便随时能开展扫除工作。不要太多,也不要太少。比如:一个拖把、一把扫帚、一把刷子、一个簸箕……每个车间都应该像这样,准备一定数量的扫除用具。

如果把扫除用具都放在封闭的储物柜中,遮遮掩掩,反而不利于管理,倒不如把它们挂在钩子上,让人们从外面一眼就能看到,让大家**开放使用**。这样,用具在或不在都一目了然,管理起来会更加方便。

▶▶ 储物架开放使用

工具架、夹具架、零件架、文件柜等储物架也应该不设门,对员工开放使用。单纯地开放使用,恐怕会有人将物品擅自拿走,但我们可以设立"有借有还"的制度,这样就可以和扫除用具一样执行开放式管理了。

开放管理

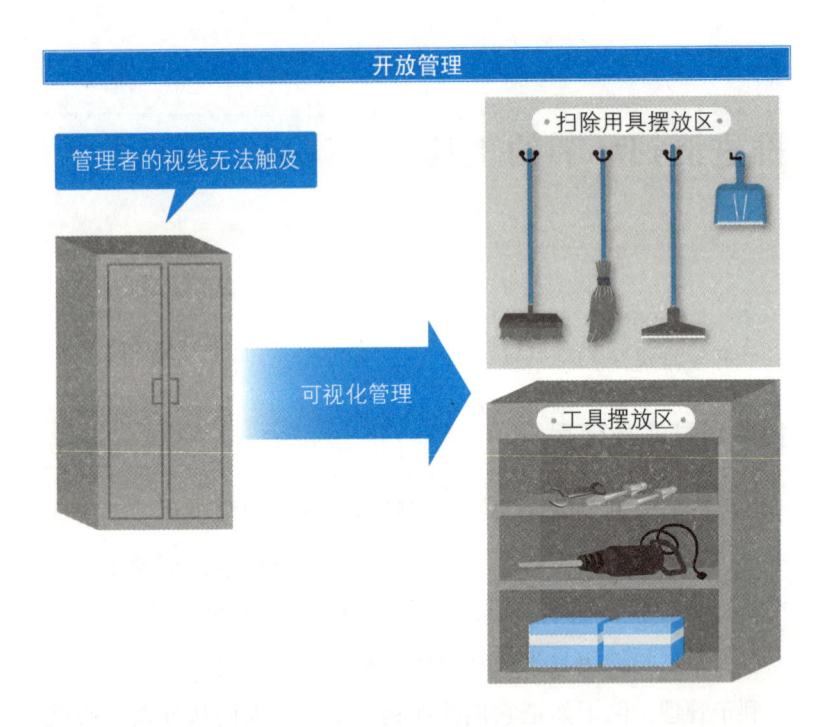

管理者的视线无法触及

可视化管理

·扫除用具摆放区·

·工具摆放区·

▶▶ 用具的管理水平=公司的 5S 管理水平

　　一个技术一流、有"大师"之称的工匠,其用具也一定非常讲究,保养也一定相当到位。也就是说,"完备的用具管理=一流的工匠=出色地完成工作"。同样地,一个能管理好其扫除用具的公司,通常都具有一个优秀的 5S 管理系统。如果不能做到爱护用具,就不可能做到用心地执行 5S 管理。

第 2 章 使物品可视化

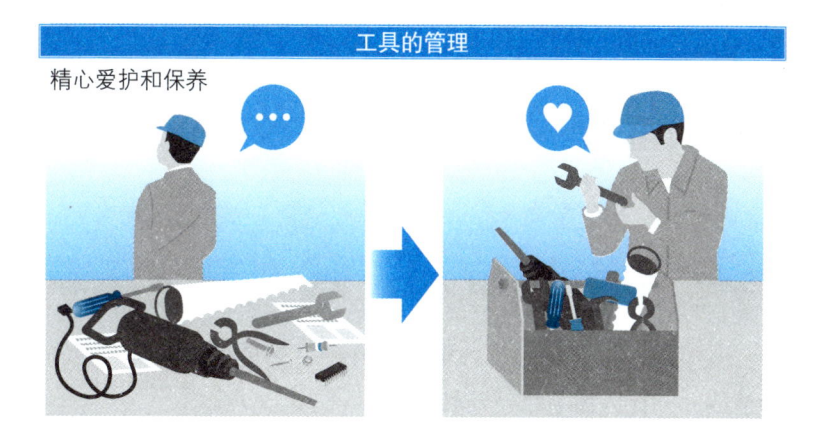

工具的管理

精心爱护和保养

2-9
清洁的重点

清洁是指在坚持整理、整顿、清扫活动的同时,保持环境的整洁,并让人愿意维持这种状态。

▶▶ **烂橘子规律**

一箱橘子里面,如果有一个橘子烂掉了,那么其他的橘子就会被传染,一个接一个地烂掉。同样地,如果车间作业现场的地上有垃圾,人们往往会觉得再扔一个也不显眼,所以大家都往地上丢垃圾。相反,如果地板光洁如新,上面没有一片垃圾,人们也就不愿意往地上丢垃圾了。如果地板总是很干净,我们就会更愿意保持这种状态。因为人们会对搞乱和弄脏环境感到内疚,所以清洁的状态能够得以持续。此外,等到垃圾满地,环境已经差到一定程度的时候才开始处理,会给生产造成很大的负担。所以,应该在出现一点垃圾时就立即处理,让**负担最小化**。

为此,不使用深色系地板,而使用让污垢更加明显的**浅色系**地板,是一个好方法。浅色的地板会让因暴力驾驶导致的叉车轮胎印,以及机器漏的油更加明显,所以有必要规范叉车的驾驶速度，或者督促管理者寻找其他运输方式代替叉车，以及及时维护和保养机器。说起来，清洁也可以算是一种**突显化**管理。

▶▶ 通过井然的秩序，强化员工的团结意识

把货物整齐地摆放在成品摆放区的界线内；把收容箱的标签贴在正面并全部对齐；确保产品的收纳方向一致，以方便取出……像这样将物品排列得井然有序，有助于快速、方便和安全地取出它们，以及及时**发现异常情况**。这也让车间变得整洁利落，可以自豪地展示给访客。

▶▶ 通过定期巡视点检来进行维护

不同的车间，5S 管理的执行水准也不同。有些车间做得很好，有些则做得很差。因此，应该使用**5S 管理检查表**等工具，对工厂进行定期**巡视**。然后，将评估结果张贴在"**5S 管理水平评估布告栏**"上，并反馈给车间，以督促其改善。如果单独执行 5S 管理的月度巡视比较困难，可以与安全巡逻等其他条令下的工厂巡视活动结合起来进行。

除了由主管和监督人员执行巡视外，**高层管理人员**也应该**到工厂进行巡视**。如果高层只是口头上下达指令，却不去现场，不跟进，全交给下属去管，则无法激发出员工的干劲。

5S管理检查表

年　月　日　填写人：

类别	检查项目	**车间 不合格　优秀
作业台	作业台、架子或地板上是否有任何不必要的（或来路不明的）物品？	1・2・4・5
	物品是否被放置在过道上，影响作业？	1・2・4・5
	物品是否放置在了消防栓、灭火器或配电盘前？	1・2・4・5
工具	是否可以随时使用？	1・2・4・5
	是否有任何损坏或污渍？	1・2・4・5
	是否有任何不必要的（或来路不明的）工具？	1・2・4・5
	工具是否都有人看管，工具箱是否在工具架上？	1・2・4・5
设备、配件	个人物品和公共物品是否混杂在一起？	1・2・4・5
	对公共物品的管理是否有明确的规定？	1・2・4・5
	是否可以马上取出？	1・2・4・5
标示、标牌	是否张贴了过期的通知？	1・2・4・5
	标示是否被弄脏或被物体遮挡导致看不见？	1・2・4・5
	标牌是否与实际情况相符？	1・2・4・5
	过道和作业区是否有明确的标示和分隔？	1・2・4・5
过道	过道上是否有白线或其他标记？	1・2・4・5
	过道上是否堆放了物品？	1・2・4・5
	在过道上是否有滑倒或被绊倒的危险？	1・2・4・5
	当不得已要占用过道时，是否配有相应的标志？	1・2・4・5
仓库	保管、保存的区域是否一目了然？	1・2・4・5
	摆放方式是否让人一目了然？	1・2・4・5
	共计	100分
留言：		

2–10
推进清洁环节的工具

清洁活动,培养了员工维持清洁的意识,以及将 5S 管理坚持到底的思想。

▶▶ 保持整洁的环境

执行 5S 管理时,往往一开始富有成效,但很快就会恢复到原来的状态(回到原点)。因此,为了保持一个整洁的环境,应该及时发现**异常情况**。为了能够发现异常情况,标示必须清晰。我们可以适当运用**色彩管理**,例如,考虑物品的摆放时,可以用不同颜色的线来划分放置区。还可以把线的颜色与物品联系起来,比如成品用蓝线标示,保留品用黄线标示,不良品用红线标示……此外,由于保留品特别容易和良品搞混,所以物品本身也应涂上与线相同的颜色。接下来,经过处理后,如果是良品,就把它涂上蓝色;如果是不良品,就涂上红色。

这种用**颜色标准**来明确守则或制度的做法,有助于发现异常情况和保持环境整洁。

▶▶ 正确与否一目了然

为了搞清楚哪个开关控制哪个机器,哪个开关控制哪个动作等，**避免混淆**，开关和设备之间的关联应该一目了然；而且应该标示清楚开关状态，让人一眼就能看出来是打开（ON）还是关闭（OFF）的状态。如果一个开关的目的、功能和作用都清晰可见，而且布局是基于从前到后、从左到右的规则，就不会发生任何混淆。

使正常与否一目了然，可以检测出异常情况

应该在机械的仪表刻度周围画出黄色和红色的区域，来代表指针指向的是正常值或异常值，以便一目了然地了解机器是否处于**正常状态**。另外，应该预先明确告知读数异常情况时的处理方法，以便让人更容易采取行动应对。

色彩管理

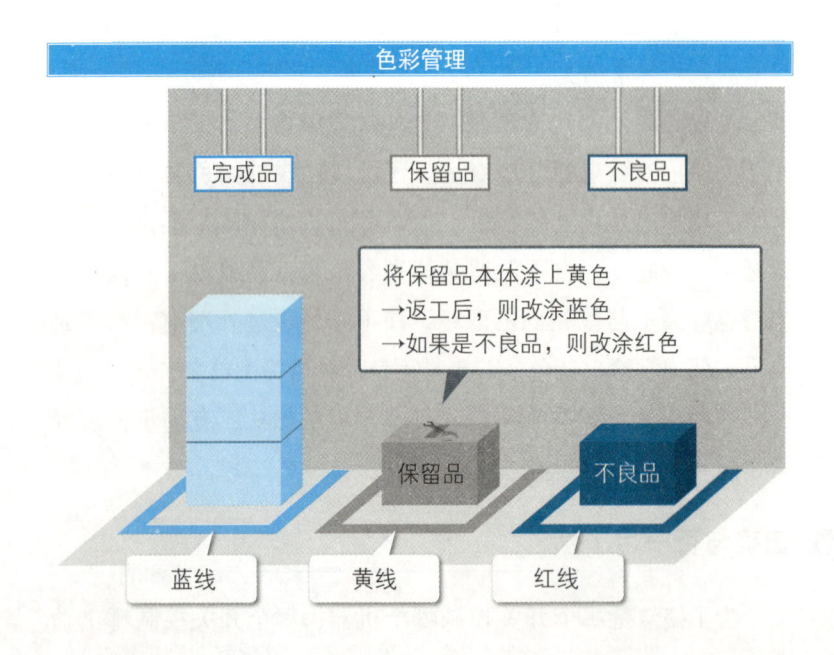

完成品　　保留品　　不良品

将保留品本体涂上黄色
→返工后，则改涂蓝色
→如果是不良品，则改涂红色

保留品　　不良品

蓝线　　黄线　　红线

第2章 使物品可视化

使正常与否一目了然，可以检测出异常情况

异常值

如果出现异常情况，请拨打分机123，并告知一下编号。

No.109

2-11
素养的重点

素养是指遵守规范,并养成一种习惯。在日语中,素养写作"躾",由"身"和"美"构成,取"规范自身"之意。意思是,一个人不仅应该注重外表,其所作所为和言谈举止也应该规矩得体。

▶▶ 确保人人都能遵守规范和守则

一家公司或工厂就是一个小社会,有各种各样的人在里面工作。如果每个人都以自己的方式行事,秩序就会丧失。例如,如果不把东西放在它们应该在的地方,就会造成各种麻烦,比如把人绊倒让人受伤、混到其他产品里造成质量问题、让人以为物品丢失而不得不重新制作,等等。这种不经意间的小举动,可能会给公司带来重大损失。因此我们要培养员工的素养,也就是**行事要遵循规范**的习惯。

特别是近来,在工厂里工作的不仅有各年龄段的男女正式员工,还有临时工、兼职工和劳务派遣工,甚至还有外国劳工。在这个**多元化(多样性)**的环境中,存在不同的价值观和习俗,对你来说是很正常的事物,在他人眼里可能就接受不了。为此,

第 2 章　使物品可视化

管理者应该事先明确守则，告知员工什么是对的，什么是错的，并确保人人都能遵守**车间的规范和守则**。

▶▶ 问候和晨会

涉及素养问题时，管理者不应该天真地认为"一点小事没有关系""做到这种程度就够了"。有时候，一点小事反而会造成很严重的后果。特别是，如果上层的经营者或管理者"宽以待己"，那么手下的员工就会上行下效，公司的秩序就会变得混乱。

例如，如果公司制定了"员工每天早上要互相问候"的规矩，那么首先应该由上层管理者开口，用响亮的声音问候大家"早上好"。像这样大声**问候**，或**鞠躬行礼**是最基本的素养。

此外，主管人员还应该在晨会上检查员工的着装。着装不规范也是一种安全隐患,所以一旦发现错误就应该立即纠正。想要人人都能遵守规范,关键在于看到有人违反守则时,不能睁一只眼闭一只眼。坚定地予以**批评**是非常重要的。

接下来,在确认是否有人身体不适,以及强调今天工作需要注意的问题后,再开始执行作业。

问候是基本的素养

早上好!

2-12
推进素养环节的工具

设计一些督促人们遵守规范的工具,以避免守则成为一纸空文。

▶▶ 使规范可视化

如果公司的规范不清晰明了,就很难培养员工的素养。对与错的界限暧昧不清,也就谈不上赏罚分明。因此,第一步就应该明确**规范**。例如,在服装方面,应该对工作服、手套、头盔、防护镜、耳塞、安全鞋等防护装备的穿戴有所规定,通过图示或照片使规范**可视化**,让每个人都能看懂。此外,需要穿着护具作业的工作区,应该有明确的标示,并确保人人都严格遵守。

▶▶ 使守则可视化

首先应该明确规定,比如,限高 1.2 米等。不过,如果监管者只是设计出限高 1.2 米的规定而不明示,那么作业员也无法遵守。

作业员如果没有被告知、忘记或不理解这些规定,就没有

使规范可视化

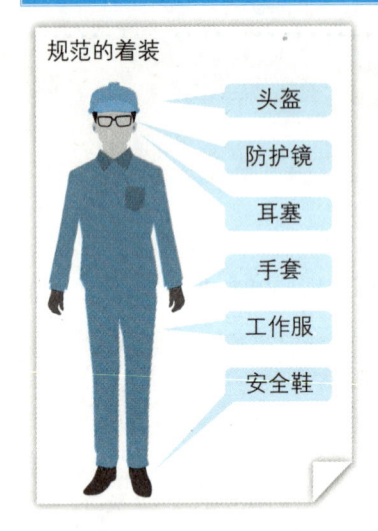

规范的着装
- 头盔
- 防护镜
- 耳塞
- 手套
- 工作服
- 安全鞋

前方区域需要佩戴防护镜！
使用后请务必归还。
　　　　安全卫生委员会

办法遵守，所以应该让这些规定**可视化**，比如张贴一个标志，说明限高1.2米。

接下来，在制定守则时，应该**充分利用道具**。即在现场和现物上设置强制性的限制条件，从而保证规定不被破坏。例如，如果规定限高1.2米，可以在1.2米处设置一个栏杆，这样人们放置物品时就不会超过这个高度了。再比如，对于工具，可以设计一个只能存放必要数量的放置区；对于收容箱等，可以规划一个只能放置固定数量的环境。

第 2 章 使物品可视化

使守则可视化和道具化

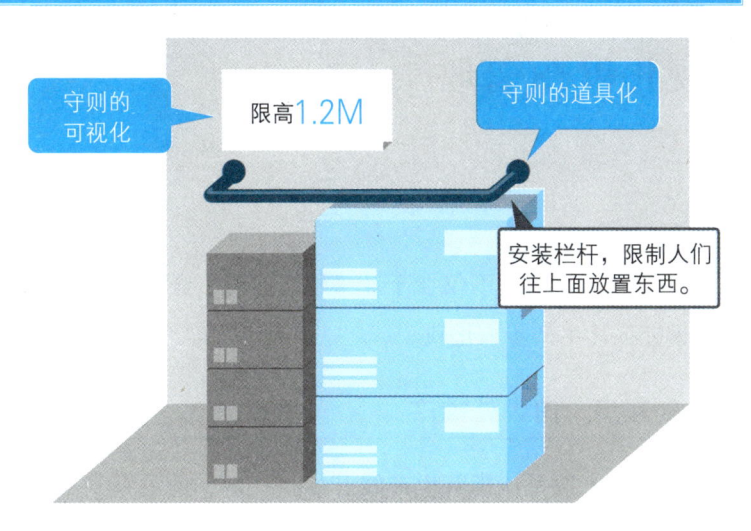

守则的可视化

限高1.2M

守则的道具化

安装栏杆，限制人们往上面放置东西。

2-13
可视化和 5S 管理

5S 管理的目的，不仅在于让事物可视化，还在于减少工作中的偏差，让生产步入正轨。

▶▶ **从小处起步，向大处推广**

5S 管理一般是从**模范生产线**开始执行的。通常是从某个生产线树立模范，然后按某种顺序进行推广，不过还有一种方法是从**出货区（出厂区）**开始执行，逐步向上游工序推广。先从出货区执行，是因为生产的失误往往会在出货区集中出现。比如上游工序的缺陷延续到下游工序，生产过剩库存、不良品库存、因设计变更造成的库存、客户退货、错误订购或错误交付产生的库存、错误的指令、错误的生产、质量不过关，等等，工厂各个环节的失误都集中在出货区。当我们对这些失误一一进行梳理时，就能够直观地看到问题所在，从而进行改善和优化。

第 2 章 使物品可视化

```
从小处起步，向大处推广
```

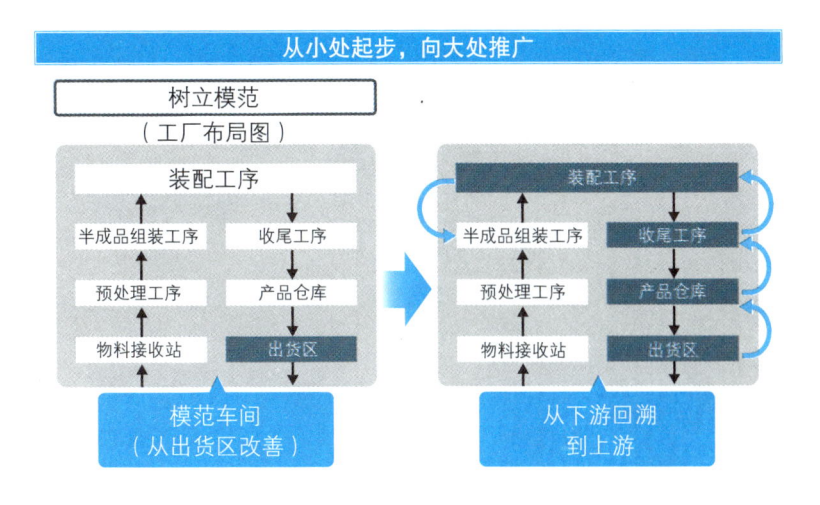

树立模范
（工厂布局图）

装配工序	→	装配工序
半成品组装工序 → 收尾工序	→	半成品组装工序 → 收尾工序
预处理工序 → 产品仓库		预处理工序 → 产品仓库
物料接收站 → 出货区		物料接收站 → 出货区

模范车间
（从出货区改善）

从下游回溯
到上游

▶▶ 减少偏差

生产过程中，如果存在大量的混乱、估算、反思、错误等，**偏差**的范围就会变大。这里的偏差，可以指每隔 60 秒或 80 秒产生的时间上的偏差；也可以指每次的作业程序都不一样，错误也反复出现等工作方式上的偏差。也就是说，只要存在偏差，就会因时间导致**生产效率**受损，或者因失误导致产品**质量**受损。

其实，我们可以通过成本较低的 5S 管理改善措施，从而消除这些偏差，提高**增值作业**率。

减少偏差

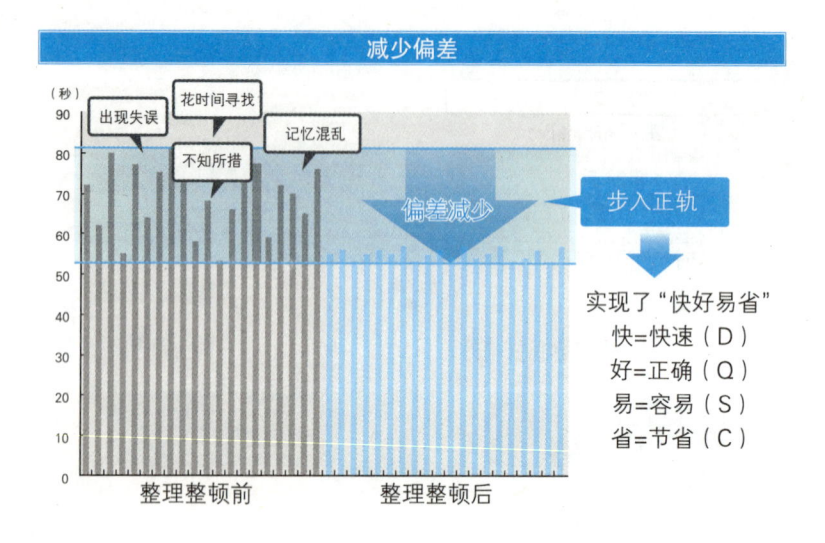

(秒)
- 出现失误
- 花时间寻找
- 不知所措
- 记忆混乱
- 偏差减少
- 步入正轨

实现了"快好易省"
快=快速（D）
好=正确（Q）
易=容易（S）
省=节省（C）

整理整顿前　　整理整顿后

▶▶ 让生产步入正轨，将问题暴露出来

　　工作中的偏差减少，就意味着生产走向正轨。随着生产步入正轨，偏差波动的幅度就会缩小，这体现在**生产效率的提高和产品质量的提高**上。也就是说，生产实现了"**快好易省**"（**快速、正确、容易和节省**），QCDS（品质 Quality、成本 Cost、交期 Delivery、安全 Safety）亦得到了改善。此外，随着生产步入正轨，一些问题、议题、异常和弊病也暴露了出来，从而得以妥善处理。

　　为此，5S 管理可以说是为问题的发现创造了环境和土壤。

> **专栏** 通过5S管理，我们对改善有了初步的认知

每个人都能发现（或看到）脏乱差的问题。这些暴露出的问题，就等同于改善的需求。无论是谁，都可以通过5S管理，学习如何采取自主的改善行动来满足这些需求。也就是说，5S管理是学习如何采取行动进行改善的完美教材，是改善的起点。

而在改善活动中，有以下几点需要注意：

① 改善应以需求为基础。

② 不仅要做能做的事，而且要挑战该做的事。

③ 做一个能将改善付诸实践的人。

④ 不断进行教育和沟通，培训员工，锻炼思维。

⑤ 不能总是下达号令，要培养员工在生产现场的自主性。

⑥ 评价过程而非结果。

⑦ 追究真正的原因。

⑧ 有了想法就马上行动。

⑨ 作业的改善应该优先于设备和工序的改善。

⑩ 改善可以不用花钱，但需要智慧。如果你没有遇到困难，就不会迸发出智慧。靠一个人的灵感，不如靠10个人的智慧取胜。

⑪ 方案确定之后，应该先检查安全和质量。

⑫ 高层的意志和管理层的领导力。

⑬ 在长期的生产经营计划中，逐步进行改善。

⑭ 牢记在短期内，负担会增加，财务指标会恶化。

⑮ 最好在赢利的时候实施改善。
⑯ 要把车间文化考虑进去。
……

第3章

使 4M 可视化

4M 是指生产所需的要因系（投入 INPUT）项目，即以下 4 项：

① Man：作业者（人数、能力、意识）。

② Machine：设施、设备、机器（硬件和软件）。

③ Method：方法（方式、程序、技术、手段、机制、系统、速度）。

④ Material：原材料、外购品、物料（有形和无形的内容）。

这些项目的状况不可见，会导致浪费的产生。

因此，在本章中，我们将为您介绍通过使 4M 可视化来消除浪费的方法。

3-1
4M 不可见造成的过错

4M 不可见以何种方式,造成了哪些过错呢?

▶▶ 4M 和 QCDS 之间的关系

4M 取自以下四个英文单词的首字母 M,
- Man:作业者(人数、能力、意识)。
- Machine:设施、设备、机器(硬件和软件)。
- Method:方法(方式、程序、技术、手段、机制、系统、速度)。
- Material:原材料、外购品、物料(有形和无形的,内容)。

用来指代生产所需的**要因系(投入 INPUT)项目**。

如果这些投入系的要素不可见,那么工厂将无法获得一个理想的产出。

生产的**结果系(产出 OUTPUT)项目**,指以下四项:
- Quality:品质
- Cost:成本
- Delivery:交期
- Safety:安全

第3章 使4M可视化

简称QCDS。如果想要获得绩效（结果），就必须让投入系项目可视化。

4M可视化能够促成结果

生产所需的要因系（投入）项目	→ 可视化 →	生产的结果系（产出）项目
Man（作业者） Machine（设备、机器） Method（方式、方法） Material（材料）		Quality（品质） Cost（成本） Delivery（交期） Safety（安全）

▶▶ 4M 不可见造成的过错

4M 不可见，会导致以下七种生产现场里的浪费。

生产现场里的七种浪费

从七个方面来看待浪费（对客户来说没有价值）的问题。

浪费的分类	说明
加工本身的浪费	对工件的精度无益的不必要的加工造成的浪费。
不良品造成的浪费	生产不良品造成的材料、零件和返工工时的浪费。
搬运中的浪费	超出最低限度需要的临时放置、转运和移送等造成的浪费。 显在的搬运浪费：明显的移动物品时的浪费。 潜在的搬运浪费：不容易发现的浪费，如加工过程中的取放、装货、卸货等。
生产过剩造成的浪费	设备或人力过剩，导致生产超过所需数量或速度，造成浪费。

续表

浪费的分类	说明
库存里的浪费	材料、在制品和成品的库存会增加仓储费、搬运费和管理费等库存管理成本,利息成本和折旧损失,造成浪费。
行动上的浪费	行走或作业时的无效动作所造成的浪费。
等待中的浪费	由于短缺、等待零件或等待设备加工而导致作业排队,造成浪费。

3-2 人力的可视化和改善

观察作业者的活动,使浪费的情况可视化。

▶▶ 有效利用人力资源

我们可以把作业者的活动划分为以下三类:

- 增值作业:为产品增加价值的作业。
- 非增值作业:在当前条件下不增加价值,但必须完成的作业。
- 浪费:没有必要、不能增加价值的作业。

而浪费又可以划分为**与人力有关的以下五大浪费**:

① 管理浪费:由于生产管理、订单管理等行政原因造成的等待浪费。

② 动作浪费:作业者的动作造成的工数浪费。

③ 组织浪费:由于工作分工或生产量的变动,导致工作量不平衡而造成的浪费。

④ 自动化更替浪费:本来用机械化或自动化取代一些手工作业,会提高质量和生产率,然而却没有将手工作业转为机械化或自动化,而造成的浪费。

⑤ 测试调整浪费：生产中反复测试和调整造成的浪费。

如果这些现象在日常工作中已经司空见惯，我们会很容易忽视其中的浪费。因此，通过使作业者的**活动**可视化，消除浪费，我们可以扭转作业员忙碌但不创造价值的情况，提高**增值作业**的比例。

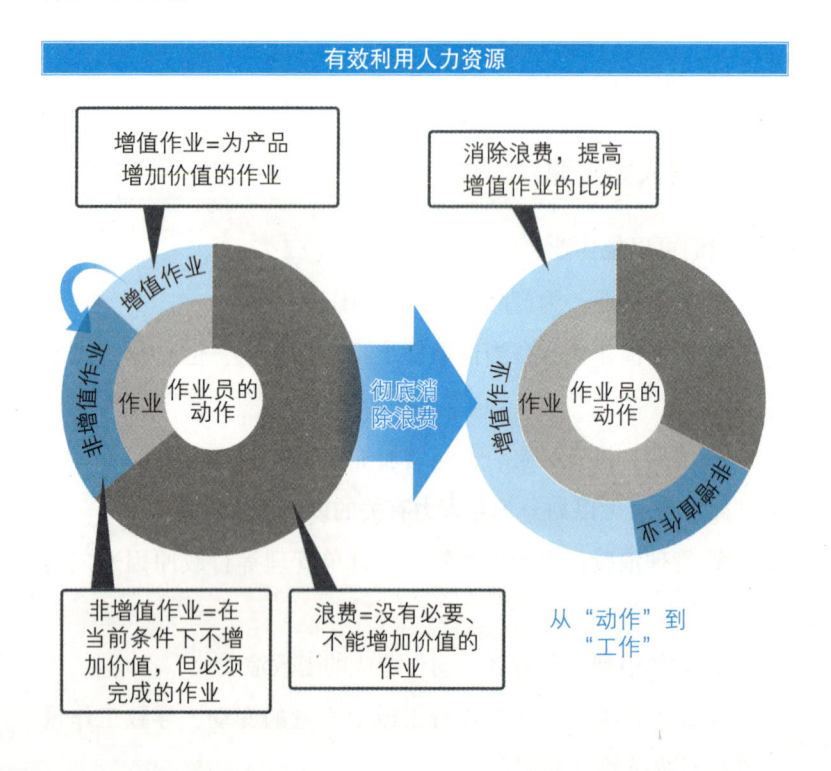

有效利用人力资源

增值作业=为产品增加价值的作业

消除浪费，提高增值作业的比例

非增值作业=在当前条件下不增加价值，但必须完成的作业

浪费=没有必要、不能增加价值的作业

彻底消除浪费

从"动作"到"工作"

▶▶ 如何进行动作分析

动作分析，是一种将作业员的动作浪费可视化的工具。在进行人工测算时，我们往往会站在作业员身后，静静地观察。

可是，如果你突然这样做，作业员可能会怀疑他是不是做错了什么。因此，在观察开始之前，应该向作业员解释清楚进行**时间观测**的目的，例如，"我们会分析你的动作，来减轻你的工作负担，所以请让我们看看你是如何活动的"。

3-3
通过工作抽样使动作的浪费可视化

这是一种用秒表监测时间,进行观察,同时对动作进行分析的方法。

⏵⏵ **工作抽样法**

工作抽样是一种通过即时观察作业员的动作,并积累这些观察结果,从而统计并推断出每个观察项目**时间构成**、**作业构成比例**以及变化情况等的方法。其程序如下:

① 确定观测对象和范围:确定应以哪些车间、工序、时间段和作业员为对象。

② 确定需要观测的作业项目:作业项目的规模应该是你想要捕捉的作业的规模,并分清楚哪些是**增值作业**,哪些是**非增值作业**。

③ 确定观测间隔和时间:例如,决定在 10 分钟内以 30 秒为间隔进行观测。

④ 执行观测:客观地、即时地观测,并记录次数。必要时,你可以要求作业员进行解释。如果人员开会或外出,要问清楚原因。可以根据需要灵活地追加观测项目。可以通过改变帽子

第3章 使4M可视化

的颜色等方法,让目标作业者醒目易识别。

⑤ 对观测到的数值进行汇总分析:按作业、操作、机器等类别,将每个观察项目的增值/非增值数据与总数的比率制成图表。

动作分析的工具

工作抽样

例如,观测"在白板上写字"的动作时,如果以10秒为间隔,那么就记录下作业员在10秒、20秒、30秒……时分别做了什么。

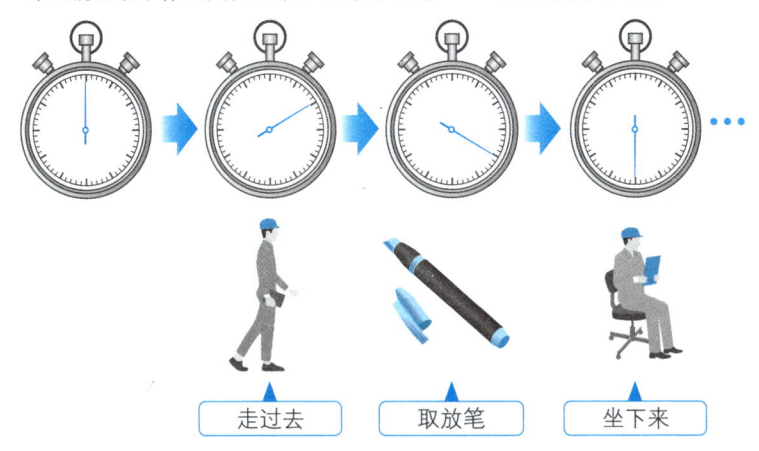

目标工序:在白板上写字

作业项目	增值/非增值	次数	合计
走	非增值	正 正 一	11
坐	非增值	正 下	7
站	非增值	正	4
取放笔	非增值	正 一	6
写	增值	正 下	8
		合计	36

▶▶ 改善的对象是非增值作业

工作抽样能够让**非增值作业**变得显而易见。例如,"在白板上写字"的作业中,"写字"的增值比例只有 20% 左右,其余 80% 都是非增值作业,如走路、坐下、站着和取放笔。如果进一步仔细观察,你会发现浪费隐藏在那些细微的动作中。比如:

- 脚部动作:行走、后退半步、前进半步、停下
- 手部动作:上下、单手空闲、握住、换手、重复、不方便拿、不好做、放手
- 身体动作:转身、弯腰、伸腰、大动作、搬运重物、拉拽、危险动作
- 眼部动作:寻找、选择、确认、看不清、瞄准、注意
- 物体运动:上下、左右、倒转、调整方向、被取放,等等。

通过**头脑风暴法**等方法,找出并消除这些浪费,提高增值作业率,可以提高**增值作业的比例**。

改善的对象是非增值作业

● 工作抽样

增值作业	非增值作业	合计
8	28	36

增值作业比率
=8:36=22%

增值作业比率

增值作业 ■ 非增值作业 ■

第3章　使4M可视化

浪费隐藏在细微的动作中

脚部动作

浪费

眼部动作

手部动作

身体动作

物体运动

找出浪费

头脑风暴法

通过让小组成员自由发言和联想,来提出见解的方法。

四项原则
- 禁止评论　关于见解的好坏对错,当下不做出判断或批评。
- 天马行空　自由自在,无拘无束地展开想象,发表见解。
- 以量求质　提出的设想越多越好。
- 结合、搭便车　参考别人的设想,在此基础上发散思维,展开联想。

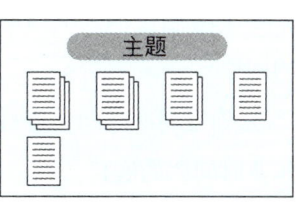

主题

3-4
通过时间观测使动作的浪费可视化

这是用秒表进行动作分析的另一个方法。

▶▶ 时间观测法

工作抽样法侧重于根据构成比例进行推断,而时间观测法则侧重于记录工作的顺序,**直接测量**和捕捉时间。其程序如下:

① 确定要素作业:要素作业的规模应满足可观测的条件(至少2~3秒)。

② 在观测用纸上录入要素作业:记录下观测节点(开始读秒表和作业结束的那一刻)。

③ 观测时间:保持秒表运行,在要素作业结束时读出秒表的刻度,并在观测用纸上,用黑笔将观测时间记录在填写栏(上栏)里。

④ 统计每个周期的时间:用红笔将每个周期的时间写在表格的底栏。

⑤ 确定周期时间:进行10次观测,选择最小值并填写在要素作业时间栏的底栏。

⑥ 计算每个要素作业的时间:用下栏的时间值减去上栏的

第3章 使4M可视化

时间值,然后写在相应的下栏中。

⑦ 确定每个要素作业的时间:每个要素作业时间应该与周期时间相一致。如果每个要素作业的最小值加起来不等于周期时间,则应按要素作业时间出现的频率顺序进行分配。

时间观测法

目标工序	在白板上写字				时间观测用纸											观测月份日期	2020/2/8	1/1
																观测时间	10:00~10:06	花田
No.	要素作业	1	2	3	4	5	6	7	8	9	10	11	12	13	14	15	要素作业时间	关注点
1	从椅子上站起来,走到白板前	7	33	57	1.2 2	1.4 3	2.1 7	2.3 7	3.0 3	3.4 0	4.0 5	4.3 1	4.5 7	5.2 2			≠8	
		7	9	7	8	8	8	8	8	8	8	8	8	8			9	笔掉落了
2	①②确定要素作业 ③观测时间				M	2.1 3	2.4 7	3.2 3	3.50	4.1 5	4.4 1	5.0 7	5.3 2					
						10	9	21	10	9	11	9	10					
3	回到椅子上坐下来	24	50	1.1 4	1.3 2	2.0 5	2.3 2	2.5 8	3.3 3	3.58	4.2 4	4.4 5	5.1 9	5.3 7			⊖7	
		8	7	7	8	8	7	6	8	6	8	1	7					
1个周期时间		24	26		25				27		24	27	26	24			24	

⑥计算每个要素作业的时间 ⑦确定每个要素作业的时间
④计算出1个周期的时间 ⑤确定周期时间

8+9+7=24

▶▶ 偏差是改善的重点

时间观测法可以让**偏差**可视化,比如同一个作业员每次所用时间的变化,以及一个熟练工和一个生手所用时间的巨大差异。因此,为了把控现状,可以从以下几个角度进行分析,从而对偏差较大的点进行改善,消除动作上的浪费。

- What:何事(哪项要素作业)
- When:何时(什么时候合适,什么时候不合适)
- Where:何地(什么场所合适,什么场所不合适)

- Who：何人（什么人合适，什么人不合适）
- How：如何（什么做法合适，什么做法不合适）
- How much：多少（差多少秒或多少分钟）

改善后，再次进行时间观测，用 Before/After 的对比确认改善效果。

3-5
通过拍摄视频进行动作分析

这是一种给作业员拍摄视频后再回放,从而观察作业员情况的方法。

▶▶ 如何拍摄视频

拍摄视频的方式有两种:一种是观察者和作业员是一对一的关系,一个观察者跟拍一个作业员的动作;另一种是在一个不显眼的地方架起三脚架,在没有跟拍人的情况下进行拍摄。

视频观察特别适用于以下情况:
- 当作业观测是高度重复的,并且周期很短时。
- 需要对动作进行详细分析时。
- 长时间观测不频繁的作业时。
- 需要比较改善前和改善后的情况时。
- 需要许多人一起讨论时。

……

▶▶ 从视频回放中分析

视频的好处在于可以快进和倒退。例如,如果观测一个为期一天的停机换模作业，用快进的方式回放，就可以把一天的动作压缩，在很短的时间内看完。对于细微的动作，可以通过反复倒退和回放视频进行观察。还可以在回放时，向拍摄对象展示他们自身的动作，这样他们就能意识到自己动作上的浪费了。

如上所述，我们介绍了两种观测方法：人工测量和视频记录，以及两种分析方法：工作抽样和时间观测。根据企业类型和作业内容，我们可以选择最适合的观测和分析方法，让非增值作业和偏差可视化并进行改善。

第3章 使4M可视化

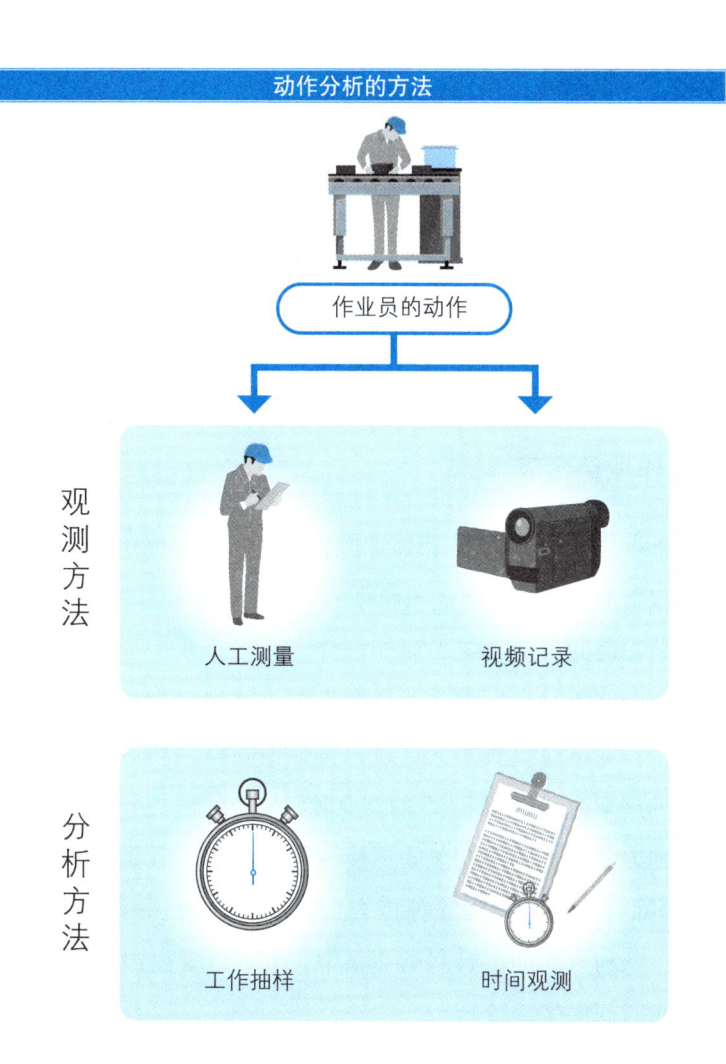

动作分析的方法

作业员的动作

观测方法
- 人工测量
- 视频记录

分析方法
- 工作抽样
- 时间观测

3-6
使人机作业组合可视化

使人机作业中的浪费可视化。

▶▶ 标准作业组合表

标准作业组合表(人机作业图)是一个从人机作业的两方面发现浪费的工具。它通过明确每个工序的手工操作和步行时间,根据**节拍时间**(takt time,制作每件产品需要多长时间的标准速度,也叫间隔时间)将作业员和机器的动作组合起来,从而确定每个作业员应负责多大区域以及如何安排工作。其中,节拍时间和**周期时间**(实际花费的作业时间)之间的差异就是需要改善的地方。为了使周期时间更接近节拍时间,需要做哪些改善(如消除行走浪费、消除等待等),都可以从表中直观地看到。另外,从与自动加工时间的关系中,也可以看出组合作业能否在节拍时间内完成。

▶▶ 制作标准作业组合表

制作标准作业组合表的步骤如下:
① 录入每班的需求量。

第3章 使4M可视化

② 计算出节拍时间（可用日定时稼动时间÷平均日需求量）并录入。

③ 录入作业顺序。

④ 录入作业内容。

⑤ 录入时间。

- 手动：手工作业时间（人工作业时间）。
- 自动：自动加工时间（机器自动运作时间）。
- 步行：步行时间（移动到下一个工序的时间）。
- 总计：手工作业时间和步行时间之和。

⑥ 填写作业时间栏

- 手工作业时间：实线。
- 自动加工时间：虚线。
- 步行时间：波浪线。

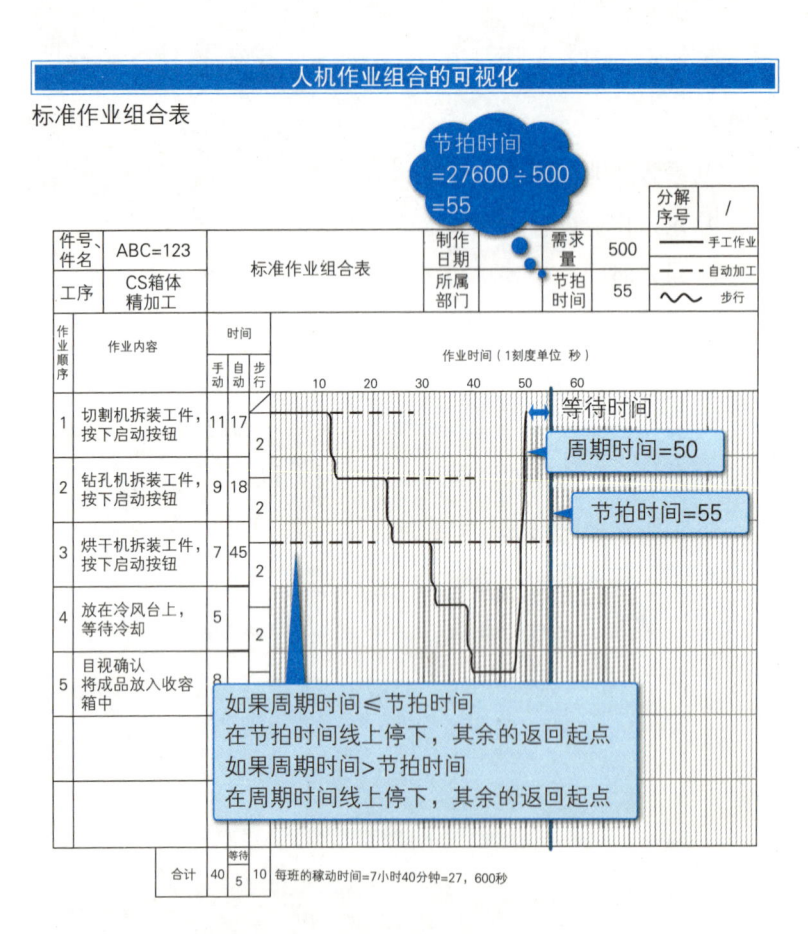

人机作业组合的可视化

标准作业组合表

节拍时间
=27600÷500
=55

件号、件名	ABC=123 CS箱体精加工	标准作业组合表	制作日期		需求量	500	分解序号	/
工序			所属部门		节拍时间	55	— 手工作业 --- 自动加工 ∿ 步行	

作业顺序	作业内容	时间 手动 / 自动 / 步行	作业时间（1刻度单位 秒） 10　20　30　40　50　60
1	切割机拆装工件，按下启动按钮	11 / 17 / 2	等待时间 周期时间=50
2	钻孔机拆装工件，按下启动按钮	9 / 18 / 2	节拍时间=55
3	烘干机拆装工件，按下启动按钮	7 / 45 / 2	
4	放在冷风台上，等待冷却	5 / / 2	
5	目视确认将成品放入收容箱中	8 / /	
合计		40 / 等待5 / 10	每班的稼动时间=7小时40分钟=27,600秒

如果周期时间≤节拍时间
在节拍时间线上停下，其余的返回起点
如果周期时间>节拍时间
在周期时间线上停下，其余的返回起点

3-7
使人的动作和机械配置可视化

通过使用标准作业表,使作业员的动作和机械配置可视化。

▶▶ 标准作业表

标准作业表中显示了每个作业员的作业范围和**标准作业三要素**(**节拍时间**、**作业顺序**、**标准库存**)。张贴标准作业表,是为了让每个人都能了解工序中的作业状态,使作业员的动作和机械配置可视化。标准作业表原则上由主管编制,并张贴在生产现场,作为改善、管理的工具和指导的手段。它也对作业员所分配到的作业进行了说明,必要时可进行修订。

▶▶ 制作标准作业表

制作标准作业表的步骤如下:
① 录入作业内容。
② 录入机械配置。
- 录入标准作业组合表上的作业顺序的编号,并用实线连接。
- 第一个和最后一个作业之间,用虚线和箭头连接。

- 瓶颈工序用红色标记。

③ 录入质量检查项目。

- 需要质量检查的工序用"◇"标记,检查的频率用 1/n 表示。

④ 录入安全防范项目。

- 自动和需要注意安全防范的工序,用"+"标记。

⑤ 录入标准库存项目。

- 需要标准库存的工序,用"●"标记。

⑥ 录入标准库存的数量。

⑦ 录入节拍时间。

⑧ 录入周期时间。

⑨ 录入分解编号

- 应该为每个作业员做一张表,但将整个生产线做成一张表也是可以的。

- 如果要在一张表上记录多人信息,应分别录入周期时间,并用 n/n 表示第×号作业员/整个生产线的作业员数。

- 可以为每个生产零件创建编号,或把具有近似工时的产品分组,按组创建编号。

⑩ 录入创建或修改的日期。

⑪ 当节拍时间、作业员、周期时间等发生变化时,应进行维护。

第3章　使4M可视化

使人的动作和机械配置可视化

标准作业表

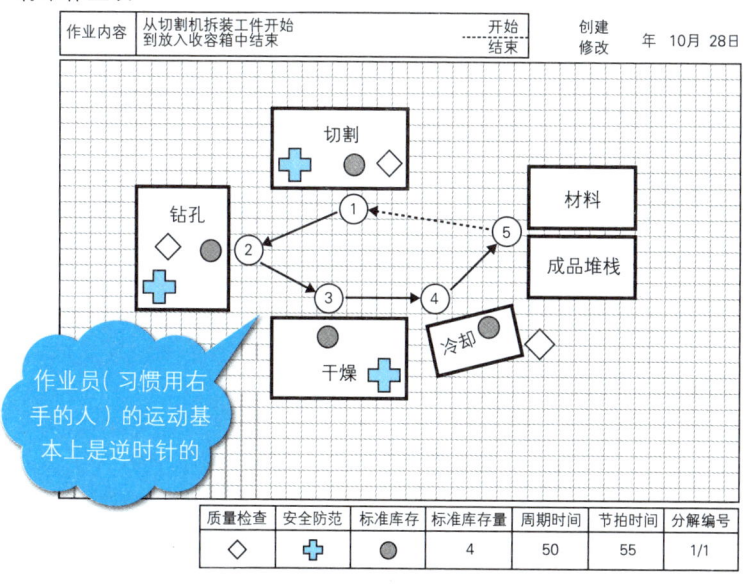

| 作业内容 | 从切割机拆装工件开始到放入收容箱中结束 | 开始
结束 | 创建
修改 | 年 10月 28日 |

```
        ┌─────────┐
        │  切割    │
        │  ✚  ●  ◇ │
        └─────────┘
  ┌──────┐    ①                ┌──────┐
  │ 钻孔  │ ←─┐  ⋯⋯⋯⋯  ⑤      │ 材料  │
  │ ◇  ● │    │                └──────┘
  │ ✚    │──②                   ┌──────┐
  └──────┘    ↓                  │成品堆栈│
              ③ ──→ ④            └──────┘
        ┌─────────┐    ┌────┐
        │   ●      │    │冷却 │   ◇
        │  干燥  ✚ │    └────┘
        └─────────┘
```

作业员（习惯用右手的人）的运动基本上是逆时针的

质量检查	安全防范	标准库存	标准库存量	周期时间	节拍时间	分解编号
◇	✚	●	4	50	55	1/1

085

3-8
使"一人工"可视化

使一天内的净工作时间与增值作业的比例可视化,确保分配给员工足够多的工作量。

▶▶ 不重复作业时人的动作

有的工序包含了种类繁多的作业;有的工序中包含了搬运、模具更换、刀具更换、质量检查等作业,并通过信号、信息或指令执行工作。由于有多重作业组合在一起,因此很难看清楚每个人的行动。

为此,可以将每个人的行动所需的工时数累计起来,做成一个"累计图(山积表)",以便直观地看到负荷的偏差,力求做到"一人工(在一天中的净工作时间内,分配给员工足够多的工作量)"。

▶▶ 工时累计图

累计图的制作方法,如下面所示:

① 确定作业内容,进行时间观测。

② 在累计图的横轴上,录入作业员(工序),在纵轴上录

入时间。

③ 累计每个作业员的工时数（使用便利贴等，对各项作业内容进行颜色标记，同时累计上去）。

④ 使每个作业员工作量的偏差可视化。

对累计图中可视化的问题进行"**找平**（work leveling）"的时候，可以通过以下步骤进行改善。

① 对照固定工作时间，检查工时不足和工时超出的情况。

② 对照固定工作时间，消除超出或不足的部分，按净时间分配工作。

③ 将零散的工时整合到一个人身上。

④ 改善工作中的零星工时，实现可见的**少人化**（通过改善作业或改善设备，以人为单位，节省人力）。

这种累计图是一种使作业量的偏差可视化，并进行改善，以达到"**平准化**（Leveling，也叫均衡化）"目的的工具。它可以作为改善自动化加工生产线上的更换刀具、停机换模、接收和供应材料和零件、产品出厂等作业的思路，通过将生产线作业员进行的作业和非生产线作业员进行的处理异常的作业进行分类和集约，以最适当的方式组织作业，实现"**一人工**"。

作业员工时累计图

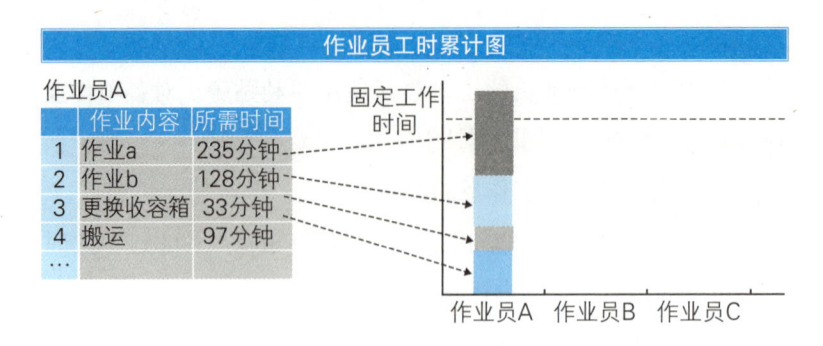

作业员A

	作业内容	所需时间
1	作业a	235分钟
2	作业b	128分钟
3	更换收容箱	33分钟
4	搬运	97分钟
...		

固定工作时间

作业员A　作业员B　作业员C

从累计图中通过找平，来实现一人工

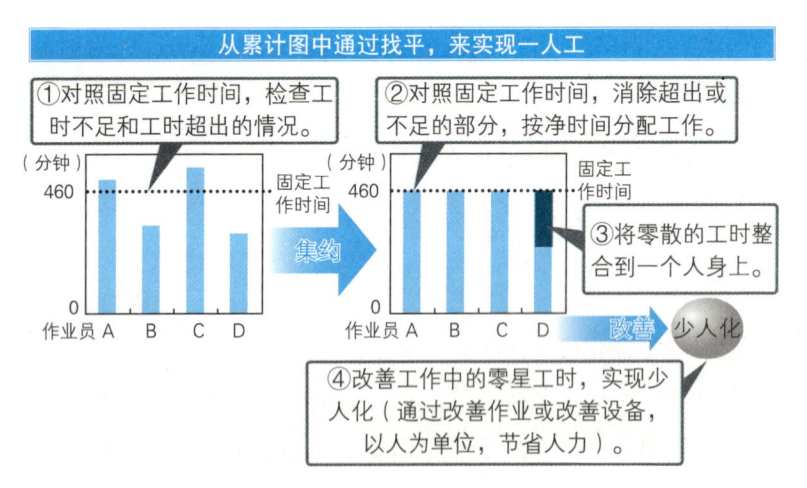

①对照固定工作时间，检查工时不足和工时超出的情况。

（分钟）
460
0
作业员 A　B　C　D

固定工作时间

集约

②对照固定工作时间，消除超出或不足的部分，按净时间分配工作。

（分钟）
460
作业员 A　B　C　D

固定工作时间

③将零散的工时整合到一个人身上。

改善　少人化

④改善工作中的零星工时，实现少人化（通过改善作业或改善设备，以人为单位，节省人力）。

3-9
大部屋化

在每个人的工作量不足一人工,产生了零星工时的情况下,可以进行大部屋化改造。

▶▶ 大部屋化

以小单位进行作业,如果产生了零星工时,一般是消耗不了的。这时,可以让机器或工序尽可能地靠拢(接近),例如,一个有 0.7 个零星工时的作业员,可以让他再在相邻的工序进行 0.3 个工时的手工作业,从而将工作整合为一人工。

这种打破壁垒,在大范围里铺开设施或区域,从而摆脱一个个**小离岛**的状态,就是"**大部屋化**"。

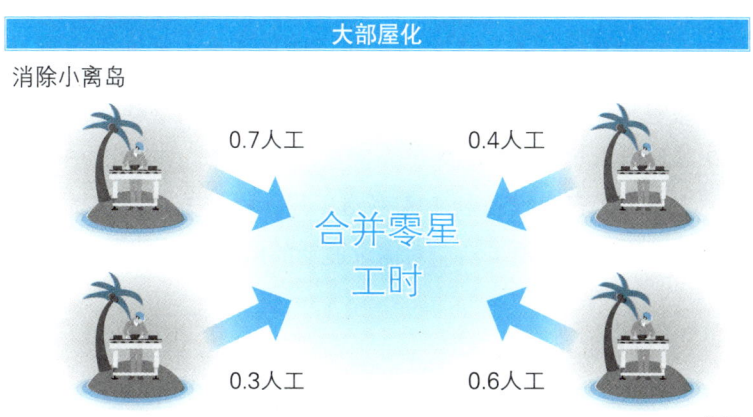

大部屋化

消除小离岛

0.7人工　　　0.4人工

合并零星工时

0.3人工　　　0.6人工

▶▶ 1人多台设备和1人多道工序

基于大部屋化的概念，在利用累计图、标准作业表等使人的动作可视化的同时，我们还可以在**1人多台设备**和**1人多道工序**上下功夫。

- 1人多台设备（横向）

在设备的配置上，将类似的工序或机器集中安排在一起，让一个作业员负责多台机器。例如，让作业员 V 负责车床的 1~4 号机床，作业员 W 负责铣床的 1~4 号机床，作业员 X 负责钻床的 1~4 号机床，作业员 Y 负责攻丝机的 1~4 号机床。通过让一个作业员负责 4 台设备，来让产生零星工时的设备实现一人工。

- 1人多道工序（纵向）

在设备的配置上，将设备按工序顺序排列，让一个作业员负责多道工序。例如，让作业员 V 负责 A 产品的各台车床、铣床、钻床和攻丝机，作业员 W 负责 B 产品的各台车床和攻丝机，作业员 X 负责 C 产品的各台车床、铣床、钻床和攻丝机，作业员 Y 负责 D 产品的各台车床和攻丝机。通过让单个作业员负责各个产品的车床、铣床、钻床和攻丝机，来让产生零星工时的设备实现一人工。

要说1人多台设备和1人多道工序，哪种方法更优秀，那还是生产周期短、能灵活应对需求波动的**1人多道工序**更好。

第3章 使4M可视化

1人多台设备和1人多道工序

1人多台设备(横向)
1人负责4台设备

	设备			
	机器1	机器2	机器3	机器4
工序(车床)	作业员V			
工序(铣床)	作业员W			
工序(钻床)	作业员X			
工序(攻丝机)	作业员Y			

1人多道工序(纵向)
1人负责4道工序

	产品类型			
	A	B	C	D
工序(车床)				
工序(铣床)	作业员V	作业员W	作业员X	作业员Y
工序(钻床)				
工序(攻丝机)				

3-10
使人员和技能可视化

为了实现一人工,应该使人员配置和技能可视化。

▶▶ 人员管理板

当发生跨工序或跨部门的人员变动时,很难看清楚每个人的位置。为此,我们应该制作**人员管理板**,在工厂布局图上用磁钉对人员进行标记,使人员可视化,确保最合理的人员分配。

人员管理板的制作步骤,如下面所示:

① 绘制工序布局图。

② 用磁钉对作业员进行标记。

人员管理板

○月×日　××组装线	
A线　山田	森　D线
B线　浅田	铃木　E线
C线　藤井	佐藤　F线
缺勤　石田	外出　南山　支援　冈田（用磁钉标记）

③ 在布局上分配作业员。

▶▶ 追求员工的可替代性，使任何人都能完成该项作业

在少有轮换的车间，往往只有一个人可以做某项作业。这是一种**工作依附于人的状态**。把工作交给这个人就绝对没问题，而且单独就这一项作业来说，生产效率的确是提高了。但是，如果这个人生病了或被调走了，生产安排就会开始混乱，生产效率也会因此而下降。

所以，必须让这些依附于人的方法、程序和技巧可视化，使**任何人都可以胜任**这个岗位，变成**人为作业服务的状态**。特别是被称为"工匠"的那些熟练工的技能，不可能在一夜之间传承下来，所以应该让他们的隐性知识尽可能地变成**显性知识**，并使之标准化。

▶▶ 多能工训练计划表（技能构成表）

在追求 1 人多道工序（纵向）等一人工的情况下，需要作业员具备处理多条工序的能力，然而，这些技能不是一下子就能掌握的。所以，我们需要用**多能工训练计划表**（**技能构成表**），使**能力的评估**可视化，进而对员工进行培训。在多能工训练计划表中，纵轴是作业员，横轴是工序或技能项目，表内用一个个四象限饼状图表示技能的熟练程度。

制表时，第一步是评估每个人当前具备的技能，熟悉程度到达一个级别，就可以填满饼状图的四分之一。接下来，就是

提前调查每个人想要学习的技能,并反映在培训计划中。如果脱产培训（Off J. T.，也叫离岗培训）比较困难,可以让员工通过轮岗的方式,在实践中学习,有计划地实现**多能工化**。

技能构成表

技能构成表（多能工训练计划表）

⊕ 了解这项作业,有经验,能够进行教学。
⊕ 了解这项作业,积累经验后,可以进行教学。
⊕ 了解这项作业,可以独立操作。
⊕ 能够理解这项作业的意义。
⊕ 不了解这项作业,不能独立操作。

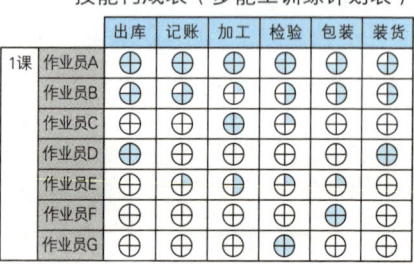

		出库	记账	加工	检验	包装	装货
1课	作业员A	⊕	⊕	⊕	⊕	⊕	⊕
	作业员B	⊕	⊕	⊕	⊕	⊕	⊕
	作业员C	⊕	⊕	⊕	⊕	⊕	⊕
	作业员D	⊕	⊕	⊕	⊕	⊕	⊕
	作业员E	⊕	⊕	⊕	⊕	⊕	⊕
	作业员F	⊕	⊕	⊕	⊕	⊕	⊕
	作业员G	⊕	⊕	⊕	⊕	⊕	⊕

3-11
使人的生产率可视化

将衡量人的生产率的标准可视化,管理好"当下"。

▶▶ 与人力有关的五大浪费的指标

① 管理浪费:产品交付时间(由材料到成品所花费的时间)。
② 动作浪费:每小时的产量(一小时生产多少产品)。
③ 组织浪费:一个人负责的设备数(一个人可以负责多少台机器)。
④ 自动化更替浪费:节省的人员数量(可以节省多少人力)。

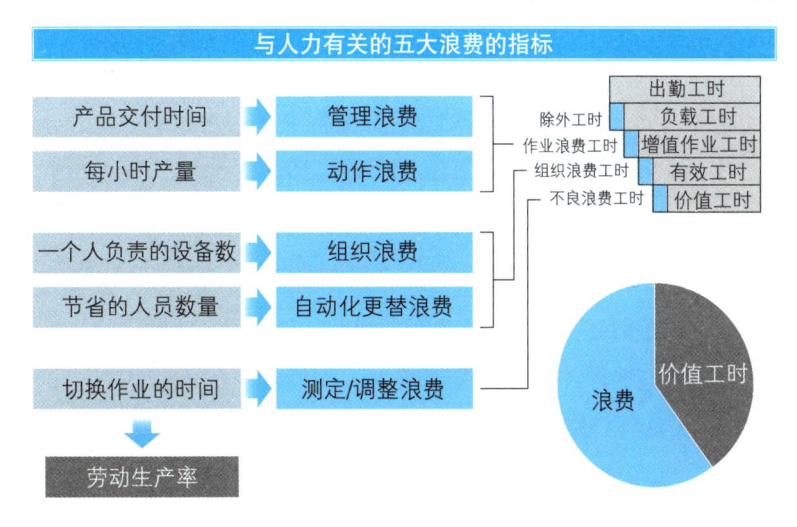

与人力有关的五大浪费的指标

产品交付时间	→	管理浪费
每小时产量	→	动作浪费
一个人负责的设备数	→	组织浪费
节省的人员数量	→	自动化更替浪费
切换作业的时间	→	测定/调整浪费

↓
劳动生产率

出勤工时 / 负载工时 / 增值作业工时 / 有效工时 / 价值工时
除外工时 / 作业浪费工时 / 组织浪费工时 / 不良浪费工时

饼图:浪费 / 价值工时

⑤ 测定/调整浪费：切换作业的时间（切换作业所需要的时间）。

这些例子可以作为指标，用来衡量劳动生产率。

▶▶ 劳动生产率

衡量员工生产率的指标，可以通过以下算式可视化。

产出÷投入＝产量（产值）÷投入的工时（人数、时间）

＝工时率（man-hour rate）＝ **劳动生产率**

我们可以按以下步骤每天绘制图表，并通过比较时间序列或比较不同车间，来发现异常情况。

① 明确目的：明确想要看到的项目，如车间、月份日期、种类等。

② 明确产出：明确产出的要求，如产值、产量等。

③ 明确投入：明确投入的要求，如作业工时、作业员数量等。

④ 计算：按产出和投入计算工时率。

⑤ 分析结果：分析计算结果的好与坏。

例如，如果一道工序的日产量为 2600 件，作业员固定工作时间为 7.5 小时，有 3 名作业员，那么工时率就是 2600÷（7.5×3）＝115 件/（小时·人），即一个作业员每小时生产 115 件。

在此基础上，如果需求量减少，我们的目标就是用更少的工时（人数），维持 115 件/（小时·人）的工时率；如果需求量增加，我们的目标就是通过加班或增员，维持 115 件/（小时·人)的工时率。例如,如果需求量减少到 2000 件,而工时数 7.5 小时和作业员数 3 个人维持不变,那么工时率就成了 2000÷(7.5×3)= 88 件/(小时·人),很明显可以看出生产率下降了(即作业员们在偷懒)。在这种情况下,如果安排 2 名作业员生产 2000 件产品,并加班 2.5 小时,那么工时率就变成了 2000 件÷{(7.5 小时×2 人)+加班 2.5 小时}≈114 件/(小时·人),和之前的数字几乎相等,所以我们可以从生产计划中去掉一个人,让他从早上开始进行其他的作业。

3-12
机器、设备的可视化和改善

观察机器和设备的趋势,使浪费可视化。

▶▶ 充分发挥设备的功用

与人一样,我们也需要让设备中的浪费可视化,以提高稼动的附加值。

与设备相关的浪费,包括下面的七大浪费,外加计划停工时间。通过使这些浪费可视化,可以提高设备的生产率。

① 故障浪费:由于机器设备等的故障造成的浪费。

② 换模作业浪费:在切换待生产的产品时,换模作业造成的浪费。

③ 刀具更换浪费:因磨损而更换刀具时发生的浪费。

④ 启动浪费:设备启动、稳定前的启动操作中发生的浪费。

⑤ 暂停和空转浪费:由于琐碎的原因,如因材料安装不当而卡住机器,或加工产生的碎屑堵塞机器等,造成机器暂停或在加工开始前空转,从而产生的浪费。

⑥ 降速浪费:由于设备的加工速度减慢而造成的浪费。

⑦ 不良和返工浪费:由于生产了不良品而造成的浪费。

⑧ **计划停工时间（关机浪费）**：因日常维护或生产计划安排而停止设备所造成的浪费。

▶▶ 设备生产率

以下两种数值，可以作为衡量设备生产率的指标。

- **稼动率**：指在生产能力范围内，实际产量所占的比例。可以看出还有多少生产余力。
- **可动率**：指在负载时间内，净生产时间所占的比例。可以看到非（不）稼动（即闲置）所占的比例。

关于稼动率，如果在没必要的情况下，只是单纯提高稼动率的数据，则会产生无法售出的库存，变成仅仅是追求"表面效率"而已。

另一方面，关于可动率，如果想要减少浪费，就要让设备随时保持运转的状态。

稼动率和可动率

稼动率　指在生产能力范围内，实际产量所占的比例。
可以看出还有多少生产余力。

公式：稼动率＝每班（日）生产的数量÷每班（日）设备的生产能力
　　　　　＝实际产量/生产能力

例如，稼动率=185÷300×100%=61.7%

可动率 指在负荷时间内，净生产时间所占的比例。
可以看到非(不)稼动（即闲置）所占的比例。

公式：可动率：设备的生产时间÷设备必须运转的时间

=生产时间（不包括浪费的时间）÷操作时间（不包括计划停工时间）

=价值稼动时间÷负荷时间

> 例如，价值稼动时间515分钟、负荷时间550分钟（如果①~⑦的总浪费时间为35分钟，515+35=550），那么可动率=
> $515 \div 550 \times 100\% = 93.6\%$

3-13
使设备状态可视化

使非（不）稼动时间可视化，从而减少浪费。

▶▶ 非（不）稼动时间

非（不）稼动时间是指由于①故障浪费、②换模作业浪费、③刀具更换浪费、④启动浪费、⑤暂停和空转浪费、⑥降速浪费、⑦不良和返工浪费而造成的设备应该工作却没有工作的时间。可以将这些浪费记录在每天的报告中，制成设备状态**累计图**。

设备状态累计图的制作方法，如下面所示：

① 将所有停工时间和停工原因都记录下来。

② 按原因类别，将停工时间汇总在一起。

③ 价值稼动时间，按节拍时间×良品产量数计算。

④ 将按原因类别汇总后的时间，做成累计图。

⑤ 核对负荷时间与堆积柱状图之间是否存在差距（＝未知时间）。

⑥ 分别调查未知时间。

⑦ 按每个班次进行计算。

⑧ 用价值稼动时间除以负荷时间×100%，来计算可动率。

▶▶ 把焦点放在非（不）稼动时间上

当我们使非（不）**稼动时间**可视化后，可以清楚地看到其中哪些时间的权重最大。在下页图所示的例子中就能看出，权重最大的是切换作业时间。为此，可以**对切换作业实行改善**，并检查这些改善的效果，看**可动率**是否有所提升。

▶▶ 切换作业的改善

切换作业时间是指从当前零件的加工完成，到更换加工下一个零件的模具或刀具，并生产出第一个好零件的时间。它可以通过区分内部/外部和创建绩效趋势图得到直观的体现。

总切换作业时间=

内部切换作业时间（只有在机器停止时才能进行切换作业的时间）

+调整时间（切换作业后，为了确保品质的精良或处理问题，而将机器停止的时间）

+外部切换作业时间（不用停止机器就能进行切换作业的时间）

▶▶ 改善切换作业的步骤

改善切换作业的工作，应按以下步骤进行：

① 区分内部切换作业和外部切换作业：明确区分开内部切换作业、调整作业和外部切换作业。

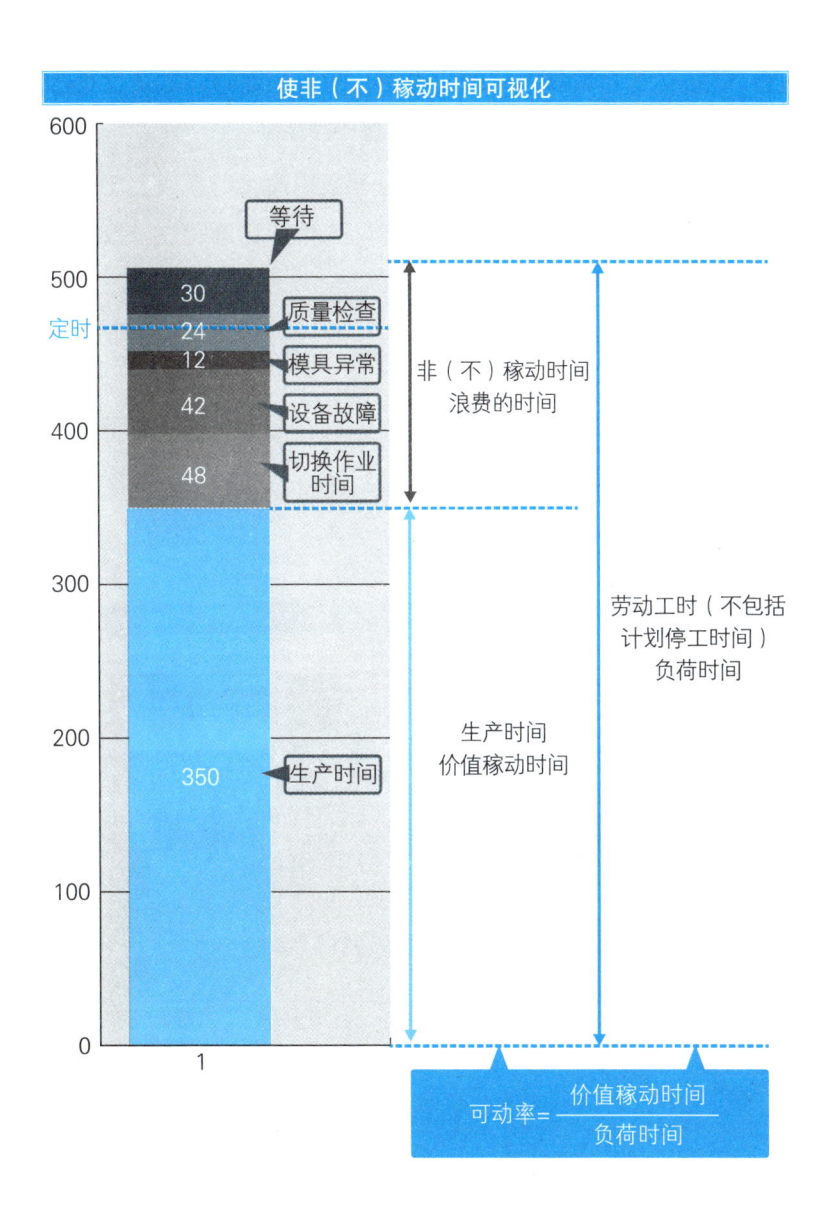

第 3 章 使 4M 可视化

使非（不）稼动时间可视化

图中条形数据：
- 等待：30
- 质量检查：24
- 模具异常：12
- 设备故障：42
- 切换作业时间：48
- 生产时间：350

定时

非（不）稼动时间 浪费的时间

劳动工时（不包括计划停工时间）负荷时间

生产时间 价值稼动时间

$$可动率 = \frac{价值稼动时间}{负荷时间}$$

② 将内部切换作业转为外部切换作业：将材料的准备，模具、工装夹具和刀具的检查、维护、准备和清理，规范文件和量具的准备和清理等工作，转为外部切换作业。

③ 缩短内部切换作业过程：通过使用简化的模具、工装夹具和刀具，实行平行切换作业，将切换作业标准化，以及开展作业培训，来缩短内部切换作业时间。

④ 缩短调整时间：通过将调整作业转为外部切换作业等方式，来缩短调整时间，争取实现零调整时间。

⑤ 缩短外部切换作业时间：指定备品的放置区，改善外部切换的问题，使用过的模具、工装夹具和刀具的保养和维护程序，要实现标准化。

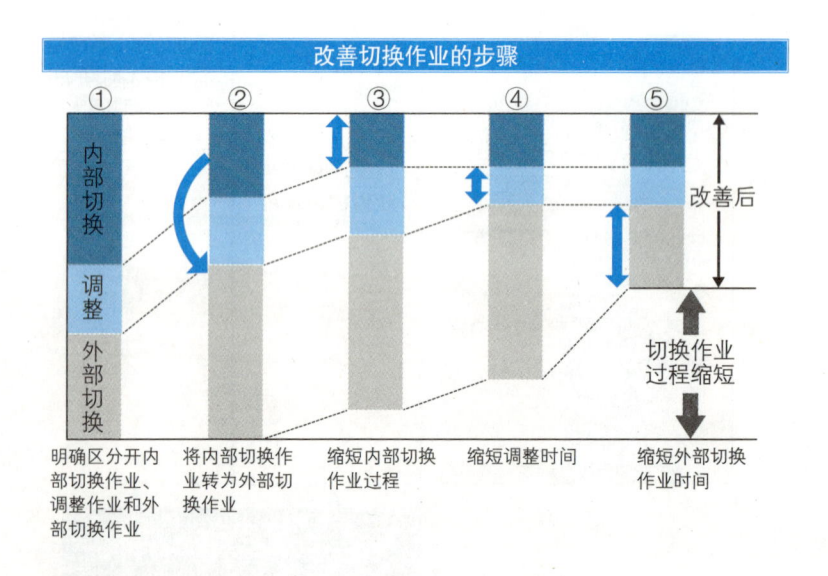

改善切换作业的步骤

① 明确区分开内部切换作业、调整作业和外部切换作业
② 将内部切换作业转为外部切换作业
③ 缩短内部切换作业过程
④ 缩短调整时间
⑤ 缩短外部切换作业时间

第3章 使4M可视化

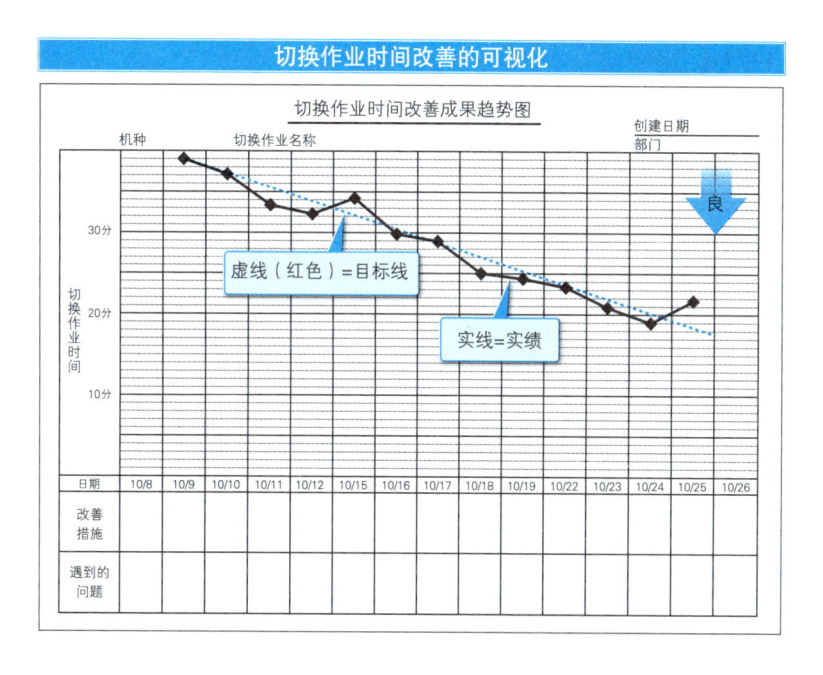

切换作业时间改善的可视化

切换作业时间改善成果趋势图

| 机种 | | 切换作业名称 | | | | | | | 创建日期 | | | |
| | | | | | | | | | 部门 | | | |

虚线（红色）=目标线

实线=实绩

良

日期	10/8	10/9	10/10	10/11	10/12	10/15	10/16	10/17	10/18	10/19	10/22	10/23	10/24	10/25	10/26
改善措施															
遇到的问题															

纵轴：切换作业时间（10分、20分、30分）

105

3-14
通过自主维护减少浪费

消除事后维修（Breakdown Maintenance），提高计划性维护和定期维护的比例。

▶▶ **通过预防性维护，来实现零事故、零缺陷和零故障**

努力通过全面生产维护**TPM**（Total Productive Maintenance）中的自主维护来实现**预防性维护**。

自主维护的方式如下：

① 初期清扫：清除设备上的灰尘和污垢。移走无用品。

② 对源头和清扫困难的区域采取措施：对源头采取措施，防止粉尘等飞散。改善清扫困难的区域，缩短清扫时间。

③ 制定自主维护暂行标准：培训润滑技能，进行总点检。制定能够实现定期清洁和注油的标准。建立润滑管理系统。

④ 总点检：培训点检技能，进行总点检。改善点检方法和设备。制定能够实现定期点检的标准。

⑤ 自主点检：创建自主维护标准/日历，并对以设备为对象的活动进行总结。按照标准进行日常维护。争取实现"零故障"。

⑥ 标准化：开展防止不良品生产/流出的活动。保证工序和

设备的质量,争取实现"零缺陷"。

⑦ 贯彻自我管理:继承、保持和改善 TPM 的现有水平。

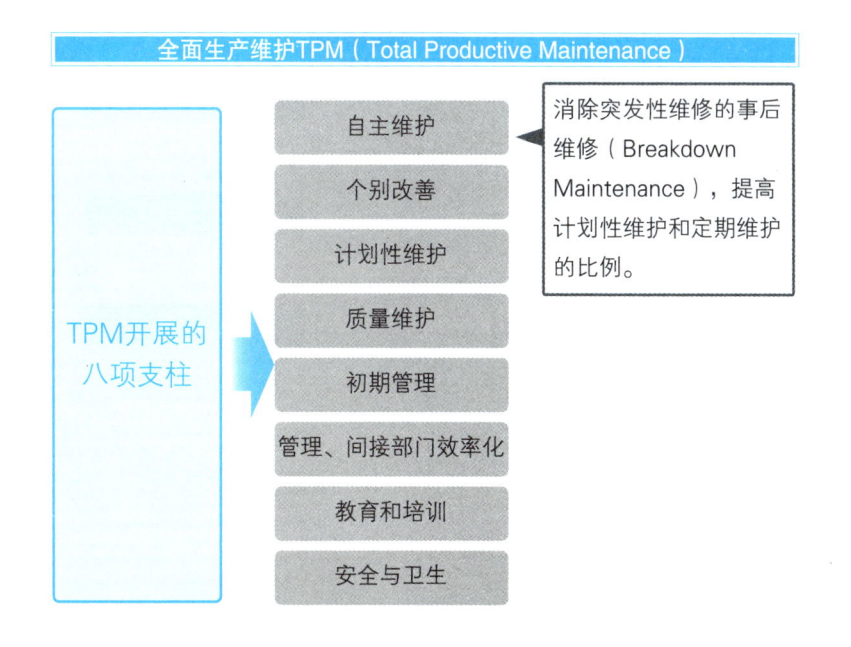

全面生产维护TPM(Total Productive Maintenance)

TPM开展的八项支柱：
- 自主维护
- 个别改善
- 计划性维护
- 质量维护
- 初期管理
- 管理、间接部门效率化
- 教育和培训
- 安全与卫生

消除突发性维修的事后维修（Breakdown Maintenance），提高计划性维护和定期维护的比例。

维护和防止劣化的措施

在维护方面,要朝以下四个方向努力,

- 防止劣化（上油、更换、调整、清洁）
- 劣化的测定（检查机器状态是否良好,有无劣化的趋势）
- 劣化的修复（预防性修理,事后修理）
- 改善维护（防止复发）

并通过维护日历、**自主维护管理板(PM 进度管理板)**、备件管理的可视化,以及提高维护技能,来采取措施防止劣化。

```
                    维护和防止劣化的措施
                   ┌──── 上油 ──────── 维护日历
          ┌ 防止劣化┤    替换
          │(日常维护)│    调整 ──────── 自主维护管理板
          │        └──── 清洁
          │
    维护 ─┤ 劣化的测定 ┌ 状态是否良好 ── 备件管理
          │ (检查)   └ 有无劣化趋势
          │
          │ 劣化的修复 ┌ 预防性修理 ── 维护技能
          │ (修理)   └ 事后修理
          │
          └ 改善维护 ──── 防止复发
```

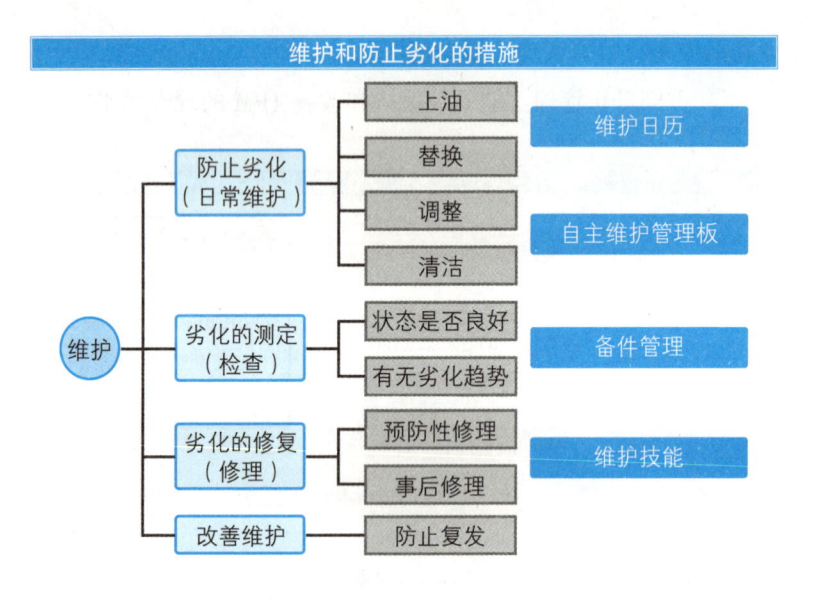

▶▶ 日常维护

我们也应该使日常维护可视化。

- 上油：将上油的位置设定在膝盖以上的高度，这是上油的**最佳位置**，这样可以避免弯腰。然后，将**上油位置**、**频率**和**油的类型**可视化。

- 替换：关于刀具、刀片的定期**更换**、**替换**，其频率和时间应提前设定好，并标出当前更换的日期和下一次预定更换的日期，以便每个人都知道日期的临近，从而做好准备。

- 调整：维护项目应按频率分类，比如从每天一次到每周一次到每月一次，并在自主维护管理板上直观显示出来，以便每个人都可以看到各个项目是否已经实施。

第 3 章 使 4M 可视化

替换的可视化

刀片更换要点	
刀片类型	φ16DreamChip
更换频率	50台时更换刀片
每日用量	8个
磨光/更换	更换

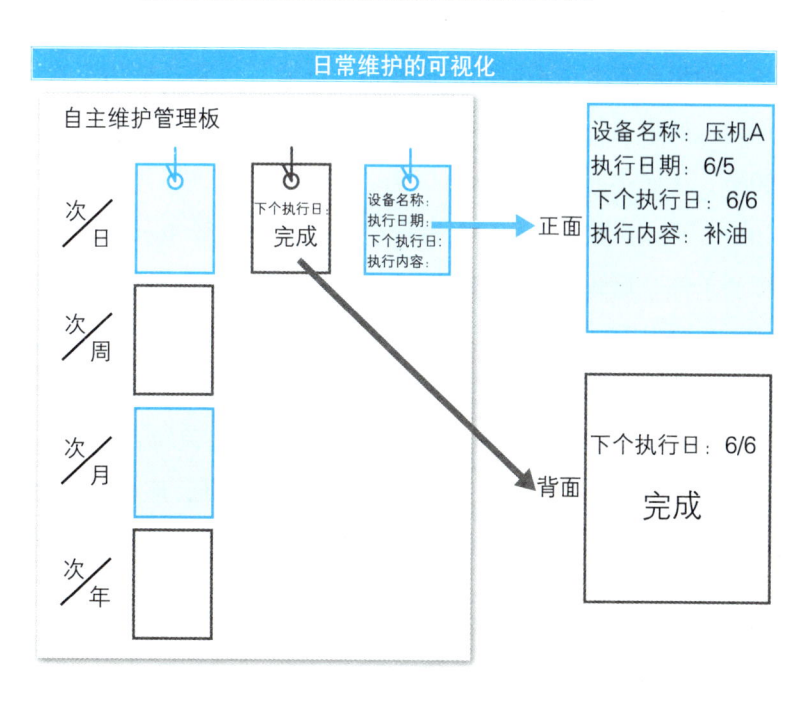

旧
新

日常维护的可视化

自主维护管理板

次/日

次/周

次/月

次/年

下个执行日：
完成

设备名称：
执行日期：
下个执行日：
执行内容：

正面

设备名称：压机A
执行日期：6/5
下个执行日：6/6
执行内容：补油

背面

下个执行日：6/6
完成

3-15

使工序能力可视化

利用各工序能力表,使瓶颈可视化。

> **能力平准化**

一个成品经过几道工序或机器加工时,每道工序(每个设备)的生产能力是不同的。这些偏差导致了设备性能的浪费。例如,如果各工序中运输管道的直径分别为:工序 A 直径 80cm,工序 B 直径 100cm,工序 C 直径 60cm,工序 D 直径 40cm,那么流转起来后,直径最小的工序 D 直径 40cm 就成了限制条件(瓶颈),无论其他工序有多少产能,都只能是过剩的,导致积压和存货。把 C 和 D 工序的管道直径增加到 80cm,把 B 工序的管道直径减少到 80cm,所有四个工序(A 到 D)的直径都是 80cm,那么材料就不会停滞,可以顺利流转。

在赛艇比赛中,如果只有一个人的能力很强,那么就算他能把桨划得很快,船也走不快。生产中也是一样,我们要**追求整体效率,而非个别能力**。这就是**能力平准化**(均衡化),而**各工序能力表**是将瓶颈工序可视化的一个工具。各工序能力表可以清楚地显示出每个工序在一定时间内可处理的最大单位数,

第 3 章 使 4M 可视化

通过明确哪个是瓶颈工序，可以为提高这些工序的产能提供改善的线索。在检查订单量和生产能力的同时，在需要改善的地方进行必要的处理或调整。

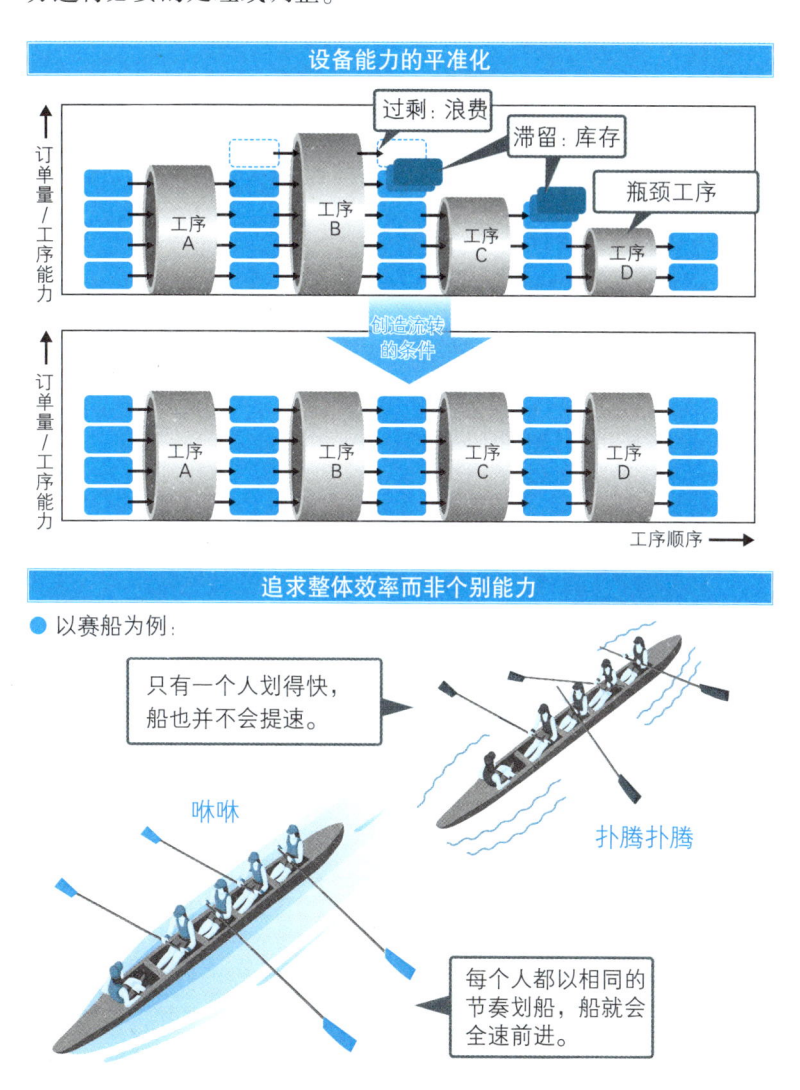

设备能力的平准化

- 过剩：浪费
- 滞留：库存
- 瓶颈工序

工序 A → 工序 B → 工序 C → 工序 D

创造流转的条件

工序 A → 工序 B → 工序 C → 工序 D

工序顺序 →

追求整体效率而非个别能力

● 以赛船为例：

只有一个人划得快，船也并不会提速。

扑腾扑腾

咻咻

每个人都以相同的节奏划船，船就会全速前进。

▶▶ 制作各工序能力表：

各工序能力表的制作方法，如下面所示：

① 录入工序名称

② 录入机器号码

③ 录入基本时间

• 手工作业时间：作业员将工件装入和卸出机器的人工操作时间（不包括步行时间）。

• 自动加工时间：从机器启动到加工完工件后各装置返回原位，机器各部分都停止的时间。

• 完成时间：每台机器完成一个零件的加工所需的时间（手工作业时间+自动加工时间）。

④ 录入刀具更换信息

• 更换数量：加工多少个工件后就要更换刀具的标准数量。

• 更换时间：每次换刀所需的时间。

⑤ 录入加工能力

• 加工能力（每班）：每台机器（每道工序）的最大加工能力。

• 加工能力（每班）＝每班稼动时间/（每件完成时间+每件换刀时间）。

• 在括号中，录入整个工序（生产线）中的瓶颈工序（机器）的加工能力。

⑥ 填写备注栏

• 手工作业时间：实线。

第3章 使4M可视化

- 自动加工时间：虚线。
- 完成时间：总时间。

各工序能力表

工长	组长	各工序能力表		零件编号	ABC=123	形式		新增/修订 年/月/日/页 部门 CS	姓名 石川
				零件名称	CS箱	数量		500	

NO.	工序名称	机器编号	基本时间			刀具		加工能力(525)	备考 (图示时间 手工作业—— 自动加工---)
			手工作业时间 分 秒	自动加工时间 分 秒	完成时间 分 秒	更换数量	更换时间		
1	切割机	C001	11	17	28	300	120	908	------28
2	钻孔工序	A001	9	18	27	100	200	853	------27
3	干燥工序	P001	7	45	52	600	300	525	------------52

$27600 \div (28+120 \div 300)=971$
$27600 \div (27+200 \div 100)=951$
$27600 \div (52+300 \div 600)=525$

固定工作时间内，只能处理525件的干燥工序，是瓶颈工序。

每班稼动时间=7小时40分钟=27,600秒

3-16
使设备生产率可视化

使衡量设备生产率的指标可视化,管理好"当下"。

▶▶ 阻碍设备效率的七大浪费指标

例如,如果负荷时间(不包括计划停工时间的劳动工时)为 550 分钟,而浪费时间总共为 35 分钟,具体细目为①故障浪费时间:5 分钟;②切换调整浪费时间:13 分钟;③刀具更换浪费时间:1 分钟;④启动浪费时间:4 分钟;⑤暂停和空转浪费时间:3 分钟;⑥降速浪费时间:0 分钟;⑦不良和返工浪费时间:9 分钟,工件投入加工数为 210 件,其中良品数量为 185 件,那么各数据分别如下面所示。

- 时间稼动率

这是指负荷时间内,设备正常运行时间所占的比率。由此可以看出停工浪费所占的百分比。

计算公式:{负荷时间-(故障浪费+切换调整浪费+夹具更换浪费+启动浪费)}÷负荷时间×100%

例如,{550-(5+13+1+4)}÷550×100%=95.8%

- 性能稼动率

这是指稼动时间内，增值稼动时间所占的比率。由此可以看出性能浪费所占的百分比。

计算公式：{稼动时间−（暂停浪费+降速浪费）}÷稼动时间×100%

例如，{515−（3+0）}÷515×100%＝99.4%

- 良品率

良品率是指在投入的材料中，良品所占的比率。由此可以看出不良浪费所占的百分比。

计算公式：良品率＝良品数÷投入加工数×100%

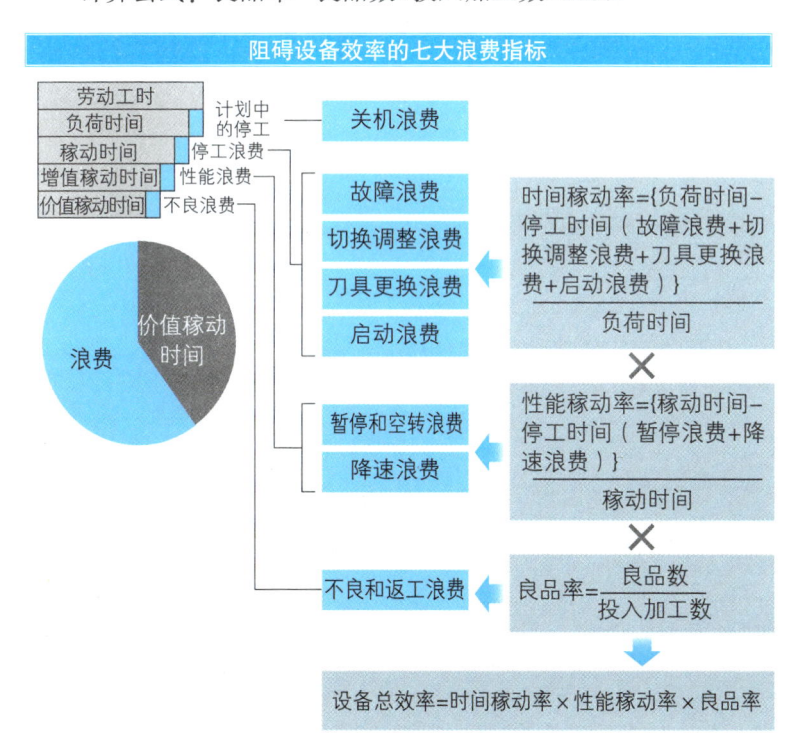

阻碍设备效率的七大浪费指标

劳动工时
负荷时间　计划中的停工　关机浪费
稼动时间　停工浪费
增值稼动时间　性能浪费
价值稼动时间　不良浪费

故障浪费
切换调整浪费
刀具更换浪费
启动浪费

时间稼动率＝{负荷时间−停工时间（故障浪费+切换调整浪费+刀具更换浪费+启动浪费）}／负荷时间

×

暂停和空转浪费
降速浪费

性能稼动率＝{稼动时间−停工时间（暂停浪费+降速浪费）}／稼动时间

×

不良和返工浪费

良品率＝良品数／投入加工数

设备总效率＝时间稼动率×性能稼动率×良品率

例如，185÷210×100% = 88.1%

▶▶ 设备总效率

设备生产率的衡量指标的计算公式是"**时间稼动率×性能稼动时间×良品率=设备总效率**"。

3-17
方式、方法的可视化和改善

消除人与人之间在方式、程序、方法和速度方面的偏差，并使之标准化。

▶▶ 没有标准，改善也就无从谈起

如果每个作业员都以自己的方式或程序工作，那么犯错误和生产不良品的风险就会增加。另外，有些人能够快速有效地工作，而另一些人面对工作则会迟缓且迷茫。我们需要消除人与人之间在创造品质和生产率等方面的差异，确保每个人都能**轻松**、**快速**、**安全**、**无误**地完成他们的工作。这就是**标准化**。

执行标准化的方法是遵循**SDCA 循环**，具体项目如下：

① Standard：制定标准。

② Do：让作业员遵守标准。

③ Check：仔细观察作业员是否按标准执行作业。

④ Action：找出那些操作不合标准的作业员，并予以指导。

如果有人没能遵循标准，那么应该存在一些深层的原因，这时候不要强行让作业员去配合暂时制定的标准，而是要根据环境和工作情况不断修正，灵活地改变标准。

▶▶ 标准化是一条双行道

标准化是一个双向的过程,应该从"方式、程序、方法"和"生产速度"两方面推进。

没有标准,改善也就无从谈起

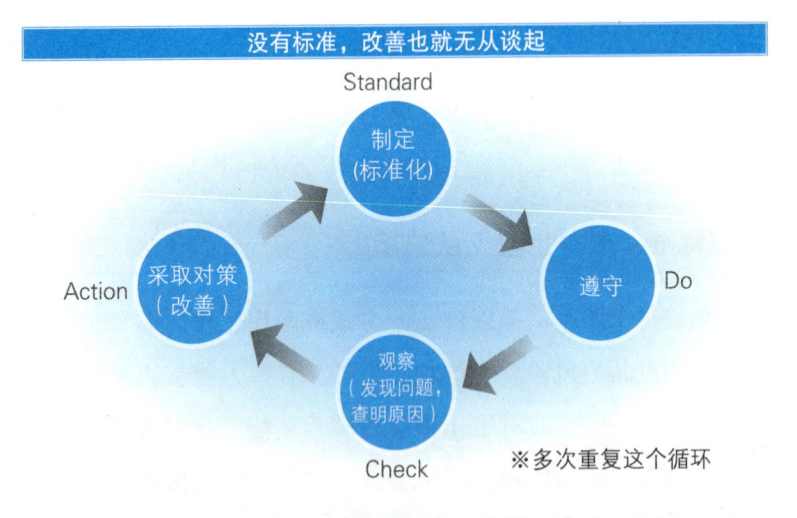

- Standard：制定(标准化)
- Do：遵守
- Check：观察(发现问题,查明原因)
- Action：采取对策(改善)

※多次重复这个循环

标准化是一条双行道

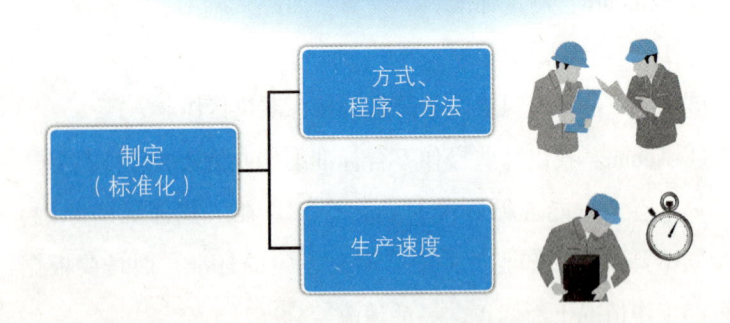

不仅要制定"方式、程序、方法",还要确定"生产速度"

制定(标准化)
- 方式、程序、方法
- 生产速度

3-18
标准作业的可视化

实现了标准作业后,就消除了人与人之间在方式、程序、方法和速度上的差异。

▶▶ 标准作业

标准作业是一种以人的动作为中心,确保高效生产,不造成浪费的作业方式。它明确了生产的守则(原则),并被用作改善的工具。

有一个词和它非常像,那就是"**作业标准**"。不过"作业标准"指的是执行标准作业时的各种标准总称,比如作业要领书、作业条件表、QC 工序表和品质点检表等,所以要注意二者的区别。

标准作业的结构如下:

① 基本知识:安全、质量和生产方面的基本知识和技巧。

② 基本技能:执行作业所需的基本技能、技法。

③ 要素作业:将一系列标准作业细分成若干个小单位。

④ 标准作业:整合后的一系列作业。

标准作业的创建,应该以③要素作业为基础,以已经具备

①基本知识和②基本技能的人才为对象。如果从解释基本知识和基本技能开始,那么规程(指导书)就会变得非常冗长。

▶▶ 标准作业的三个要素

标准作业有如下两个前提条件:
① 必须以人的动作为中心。
② 必须是重复性的作业。
其组成部分有以下三项:

- 作业顺序:能够最有效地生产出合格品的作业员的作业顺序(≠工序顺序)。
- 标准持有量(标准在制品库存):工序内必须持有的最低数量的在制品(半成品),以便按照作业顺序进行操作时可以重复进行相同的程序和动作。
- 节拍时间:生产一个(台)产品所需的标准时间。

这些都是由**标准作业三表**(标准作业表、标准作业组合表和各工序能力表**三件套**)来实现标准化的。

第3章 使4M可视化

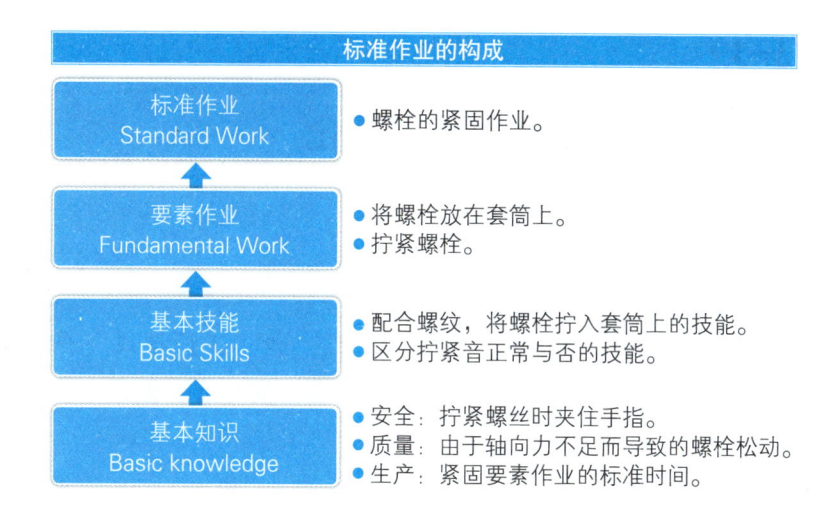

标准作业的构成

| 标准作业 Standard Work | ● 螺栓的紧固作业。 |

↑

| 要素作业 Fundamental Work | ● 将螺栓放在套筒上。
● 拧紧螺栓。 |

↑

| 基本技能 Basic Skills | ● 配合螺纹,将螺栓拧入套筒上的技能。
● 区分拧紧音正常与否的技能。 |

↑

| 基本知识 Basic knowledge | ● 安全:拧紧螺丝时夹住手指。
● 质量:由于轴向力不足而导致的螺栓松动。
● 生产:紧固要素作业的标准时间。 |

3-19
方式、程序和方法的标准化

标准化是从"方式、程序、方法"和"生产速度"两个方面,双向推进的过程。本节接下来,就对前者做进一步说明。

使用作业程序表和作业要领书,使方式、程序、方法实现标准化。

如何使用作业程序表和作业要领书

● 作业程序表
主管在指导作业时应拿出手册,对员工讲解程序和要点。

● 作业要领书
对其进行压膜处理,然后张贴在作业员可以看到的地方,来提醒他们注意。

管理者应该向员工说明作业的标准程序，明确重点、要点和处理异常情况的对策，指导员工按照一套固定的规则和标准执行作业。这样，就算是新员工或外籍劳工，也能在面对不熟悉的作业时，没有偏差地作业。另外，不仅要告诉员工"如何做（Know-How）"，还要解释清楚"为什么（**Know-Why**）"。

▶▶ 作业程序表

作业程序表中，应该包含能够**轻松**、**快速**、**安全**和**无误**地完成一项作业的方法（关注点在于：**成败**，**安全**、**易操作**）。将作业的程序和要点都记录在表中，然后由主管对作业员进行指导。

制作的要点如下：

- 作业程序的说明文字不要太长，应做到简洁精练。
- 要考虑到产品的功能（机能）。
- 加入提醒，以避免曾经的问题再度发生，纳入处理异常情况的对策。
- 程序手册中如有不合理的地方，应及时进行修改。

另外，加入照片或图片等，会更容易让人理解。作业程序表应该放置在生产线旁（一侧），随取随用。如果有任何问题，可以随时进行修改。

作业程序表

作业名称	底盖组装作业	生产线名称	装配线B	工长	组长	班长	创建日期	××年3月3日
		工序或机器编号	B-6				作业要领书编号	b-6-1
							作业程序表编号	B-6-1

	作业程序	要点
1	从零件箱（a、b）中，用左手取出本体（a），用右手取出底盖（b）。	零件箱a：M4螺丝钉A；零件箱b：M4螺丝钉B。
2	将本体和底盖根据指导书组装起来。	
3	将上述2个工件放在工作台上的夹具上。	
4	将M4螺丝钉A对准磁性螺丝刀位，插入螺丝孔①中，然后组装。	将螺丝钉垂直对准底盖。拧紧螺丝钉，直到蜂鸣器响起。
5	重复上述第4步过程。	
6	将M4螺丝钉B对准磁性螺丝刀位后，将其插入长度检测机，确认蓝灯是否亮起。	
7	用气动螺丝刀拧紧M4螺丝钉B。	拧紧螺丝钉，直到蜂鸣器响起。
8	将工件放进零件箱（C）。	

螺丝钉A　螺丝钉B

本体　底盖　安装后

质量检查（详见QC工序管理表）。
- 检查气动力矩螺丝刀：1/班 开工时，检查表No.B-6-1b
- 协调主长度测试仪：1/班 开工时，检查表No.B-6-1c
- 检查M4螺丝钉的紧固力矩：1/100M4螺丝钉A和B，检查表No.B-6-1a

		记号	年月日	记事	工长	组长	班长
✚	停止，呼叫，等待						
异常和处理	如果发现任何异常情况，请立即与主管联系。						

第3章 使4M可视化

▶▶ 作业要领书

作业要领书，是对作业程序表中重点事项的总结和提炼。它总结了容易发生不良环节、作业程序的要领，还记录了发生异常情况时应采取的措施。

制作的要点如下：

- 录入作业程序表中的重点事项。

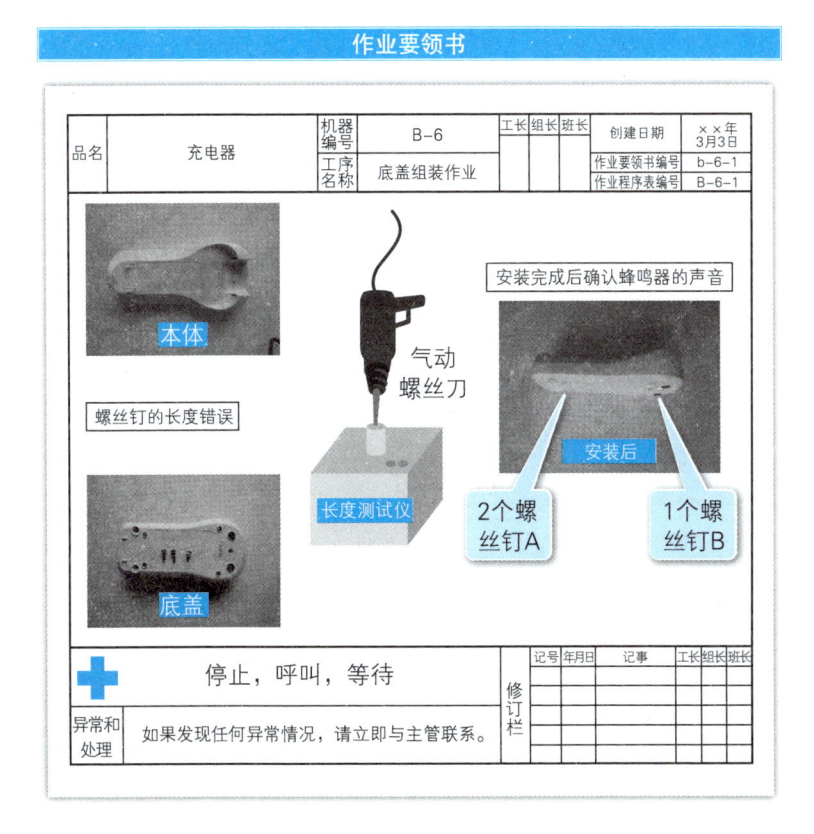

作业要领书

品名	充电器	机器编号	B-6	工长 组长 班长	创建日期	××年3月3日
		工序名称	底盖组装作业		作业要领书编号	b-6-1
					作业程序表编号	B-6-1

本体

螺丝钉的长度错误

底盖

气动螺丝刀

长度测试仪

安装完成后确认蜂鸣器的声音

安装后

2个螺丝钉A

1个螺丝钉B

✚	停止，呼叫，等待	修订栏	记号	年月日	记事	工长 组长 班长
异常和处理	如果发现任何异常情况，请立即与主管联系。					

- 在绿色"+"号的右边,写上安全注意事项。
- 加入提醒,以避免曾经的问题再度发生。
- 作业要领书应张贴在作业员容易看到的地方。

经过压膜等涂层处理后,将其张贴在作业员可以看到的地方,用来时常提醒作业员注意。

3-20
指导员工按照标准作业

利用作业程序表和作业要领书，细致地指导作业。

▶▶ 使用作业程序表和作业要领书

据说，有的企业根据 ISO（国际标准化组织）标准制作了程序手册，但因为全都是文字，手册基本上成了废纸。为了充分发挥手册的作用，应该配上照片，加入提醒，以避免曾经的问题再度发生，并进行多次修订。

创建一个程序手册的步骤如下：

① 准备工作：明确目的、制作体系和规定要求。

② 程序设计：设计符合要求的作业。

③ 作业支持设计：设计出机制和工具，以减少作业中的错误、超负荷，浪费，不均衡行为。

④ 测试评估：边试边改，要反映出实践的智慧和要点。

⑤ 工具维护：对机制和工具进行维护，以巩固手册的作业程序。

此外，近年来，使用平板电脑等 IT 工具播放视频或展示连续图片的方法，也开始在企业间流行起来。所以，你可以设计或选用最适合自己公司的方法。

▶▶ 指导工作

向员工说明工作和给员工指导工作之间是有区别的。主管不应该只是单方面进行口头上的说明，而应该利用程序手册，耐心细致地告诉员工作业的要领和重点，手把手地教会他们，直到确信员工已经理解，并能够独当一面。

我们可以使用TWI-JI方法，将指导的工作分成四个步骤进行。

① 做好学习前的准备。
② 解释说明作业程序（以耐心和肯定的态度进行指导）。
③ 让员工动手操作（通过实践来检验学习成果）。
④ 后续跟进（对员工进行帮扶，确保他们可以独当一面）。

指导工作的方法

TWI-JI（工作的指导方法）

Step 1 做好学习前的准备。
- 让员工放松心态（做好心理准备）。
- 告诉员工作业的内容。
- 让员工说一说对这项作业的了解。
- 让员工有学习这项作业的意愿。
- 让员工把自己放在正确的位置上。

Step 2 解释说明作业程序（以耐心和肯定的态度进行指导）。
- 逐一告知主要步骤，并让他们记下来。
- 说明要点。
- 清楚、彻底、耐心地进行讲解。
- 不要超过员工的理解能力。

第 3 章 使 4M 可视化

Step 3 让员工动手操作（通过实践来检验学习成果）。

- 让员工动手实践，并纠正他们的错误。
- 一边让员工操作，一边对作业进行说明。
- 让员工再操作一次，并让他们自己说出要点。
- 检查，直到确定员工已经理解为止。

Step 4 后续跟进（对员工进行帮扶，确保他们可以独当一面）。

- 让员工投入工作。
- 决定好当员工不明白的时候该问谁。
- 时常进行抽查。
- 鼓励员工提出问题。
- 逐步减少教学量。

3-21
生产速度的标准化

标准化是从"方式、程序、方法"和"生产速度"两个方面,双向推进的过程。本节接下来,就对后者做进一步说明。

▶▶ 不要让作业员自己决定速度

对于生产以机器为主,但不涉及机器周期时间的作业,往往由作业员自己来控制工作速度,例如,今天的工作量少,所以就慢慢做,或者尽管工作量大,但因为不想加班,所以就加快速度做。

例如,

- 准备作业
- 单人作业
- 切换作业
- 检查和包装作业
- 开工前和收工后的作业

等等,都是容易**由作业员自己决定**速度的作业。

对于这些作业,应该设定**原单位生产速度**。例如,对于混合配料的作业,可以将作业时间大致设定为大袋 8 分钟,中袋 5

分钟，小袋 3 分钟。如果今天的工作量是 20 个大袋、40 个中袋和 30 个小袋，那么作业时间就直观地显示为 450 分钟的标准时间，如果固定工时为 480 分钟，那么还剩下 30 分钟的空闲时间，可以利用这段时间安排大家扫除。

不可见的"七宗罪"

- 准备作业
- 单人作业
- 切换作业
- 检查和包装作业
- 开工前和收工后的作业，等等

今天的工作量少，所以可以慢慢做

确定原单位生产速度

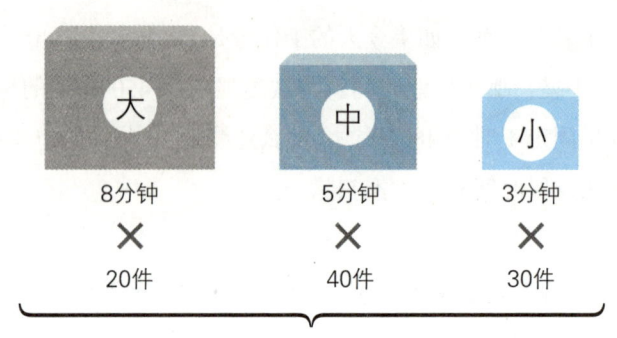

大	中	小
8分钟	5分钟	3分钟
×	×	×
20件	40件	30件

今天的计划作业时间是450分钟

如果固定工时是480分钟，那么将会产生30分钟的空闲时间。

▶▶ 生产速度

所谓**原单位**生产速度，就是用**节拍时间**表示生产一个（台）产品需要多长时间的标准速度。例如，如果我们假设每天的固定稼动时间为480分钟，日平均需求量为48个单位，则

节拍时间＝日固定稼动时间÷日平均需求量

＝480分钟÷48个＝10分钟/个，

那么生产标准速度就是每10分钟生产一个。

▶▶ 让作业员注意生产速度

确定了生产速度后，就要确保作业员注意到自己的速度。可以使用**生产进度安灯**、**作业指示板**等，使他们知道自己是落后于还是超前于计划，从而对进度进行调整。

第3章 使4M可视化

生产速度

节拍时间：生产一个（台）产品需要多长时间的标准速度。

> 节拍时间（生产速度）
> =日固定稼动时间÷日平均需求量
> =480分钟÷48个=10分钟/个

设定一个标准速度 → 让作业员注意到速度 → 检查产品能否以标准速度生产，并加以管理

让作业员注意生产速度

生产进度安灯

计划数量	3
实际数量	2
差距	−1

有点落后了

加油干吧

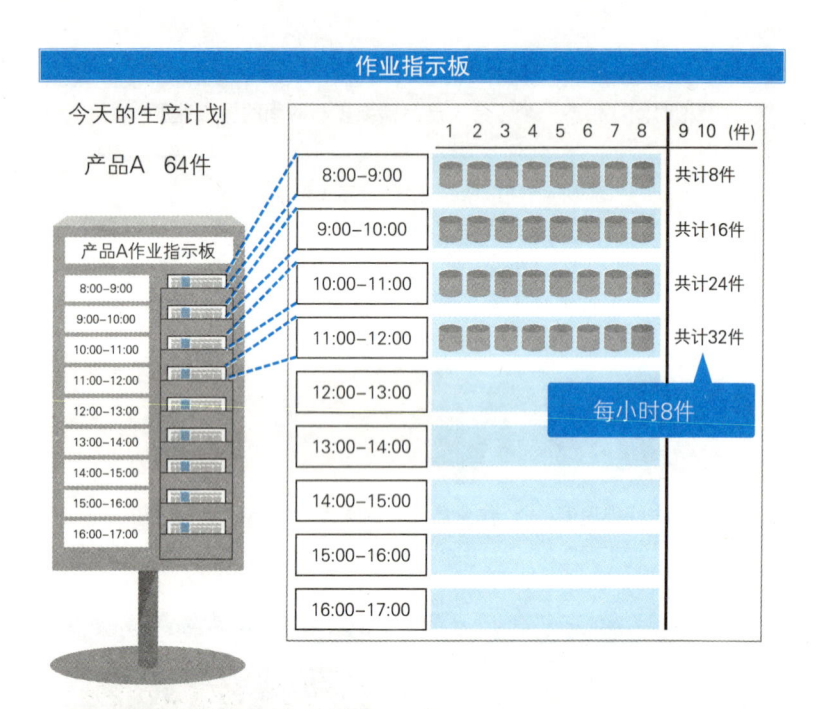

作业指示板

今天的生产计划

产品A　64件

	1 2 3 4 5 6 7 8	9 10 (件)
8:00–9:00		共计8件
9:00–10:00		共计16件
10:00–11:00		共计24件
11:00–12:00		共计32件
12:00–13:00		
13:00–14:00		每小时8件
14:00–15:00		
15:00–16:00		
16:00–17:00		

产品A作业指示板

- 8:00–9:00
- 9:00–10:00
- 10:00–11:00
- 11:00–12:00
- 12:00–13:00
- 13:00–14:00
- 14:00–15:00
- 15:00–16:00
- 16:00–17:00

3-22
使生产速度的生产效率可视化

让标准时间和实际时间的差异可视化,并实施改善。

▶▶ 节拍时间和周期时间

所谓**节拍时间**,就是生产一个(台)产品需要多长时间的标准速度(时间)。但是,如果直接将其作为标准时间,可能会难以实现。因此,应该乘以宽裕率,并考虑到加班时间和生产线效率,计算**实际节拍时间**,将其拓展到实际可以到达的速度。

▶▶ 作业效率

作业效率是节拍时间(标准时间=标准周期时间)与周期时间(实际时间=实际周期时间)的比率,计算公式为:

作业效率=节拍时间÷周期时间=标准完成时间÷实际完成时间。

例如,如果生产一个产品的节拍时间是 120 秒,投入加工数是 120 个,那么**标准完成时间**(生产产品的标准时间,以分钟为单位)是

节拍时间 120 秒×120 个=14,400 秒=240 分钟。

另一方面，如果生产一个产品的周期时间是 140 秒，可知其比节拍时间多了 20 秒，因此**实际完成时间**（生产产品的实际时间，以分钟为单位）就是

周期时间 140 秒×120 个 = 16,800 秒 = 280 分钟，

我们可以直观地看到，这比标准完成时间多了 40 分钟。

为此，我们应该从中找出延误的原因，如作业员不熟练、设备问题导致频繁停工或分包商的材料有问题，等等，并加以改善，使其更接近既定的标准。

标准化的意义

标准化定义了什么是**正常情况**（常规的生产模式）。任何偏离常规的状况都是**异常**的情况。通过识别出异常情况，可以对生产模式实施改善。

标准化的意义

方式、程序、方法的标准化

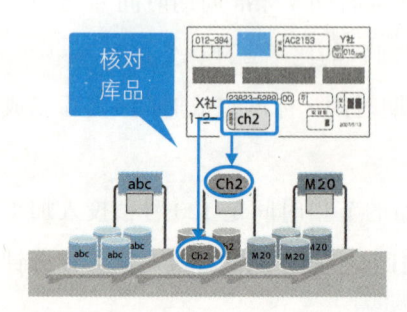

核对库品

生产速度的标准化

- 准备作业
- 单人作业
- 切换作业
- 检查和包装作业
- 开工前和收工后的作业

确定原单位生产速度

第3章 使4M可视化

定义了什么是常规的生产模式

⬇

任何偏离常规的状况都是"异常"情况，
通过识别出异常情况，可以对生产模式实施改善。

| 发现 | 发现情况异常 | 决定开始处理 | 采取行动 |

3-23
原材料、外购品、物料的可视化和改善

根据使用频率决定材料的摆放位置，消除搬运浪费，有效利用空间。

▶▶ ABC 分级

我们使用 **ABC 分级**法，将经常使用的物品定为 A 级，偶尔使用的物品定为 B 级，很少使用的物品定为 C 级，并对 A 级物品进行重点管理。

A 级物品：放置在日常用品区，通过库存管理、订单管理等进行管控。

B 级物品：作为仓储品，存放在仓库或远离生产线的地方。

C 级物品：将其划分为长期滞留品、封藏品、所有者不明品、不良品等类别。把没用的物品废弃，将有用的物品保管起来。

▶▶ 材料和物料放置区的管理

应该做到不需要打开电脑，通过"现地现物"就能了解库存的情况。例如，在管理涂料罐的时候，可以在墙上写出最小

第 3 章　使 4M 可视化

使用ABC分级法，将物品分级

根据使用频率，将物品划分为A、B、C三个等级

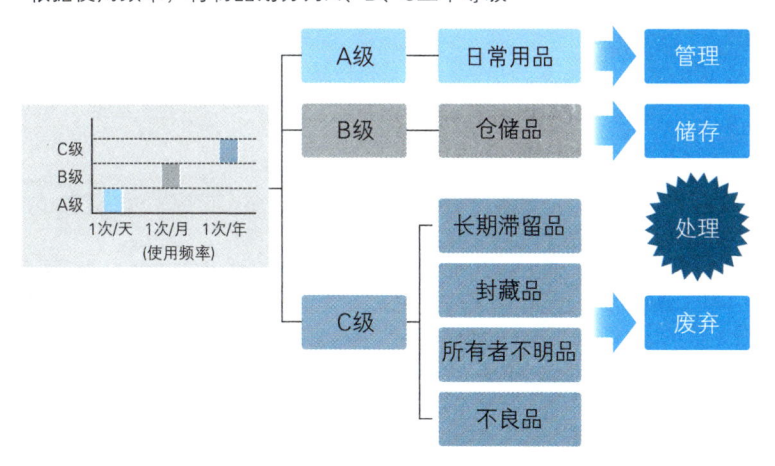

- A级 → 日常用品 → 管理
- B级 → 仓储品 → 储存
- C级 → 长期滞留品／封藏品／所有者不明品／不良品 → 处理／废弃

值和最大值，通过"现地现物"将库存管理、订单管理情况可视化。

应该在放置区，简明地标注出物品名称/编号等信息，并做到**物卡一致**。

此外，物品的摆放应该根据使用频率从近到远，比如经常使用的物品应该放在靠近出入口或主要过道两侧等黄金位置，不经常使用的物品则应该放在较远的地方。最后，应该利用**位置图**将全貌可视化，并消除属人化※。

※译者注：属人化指某个工作依赖于某个人，其他人无法接替。

材料和物料存放区的管理

通过"现地现物"使库存状况可视化

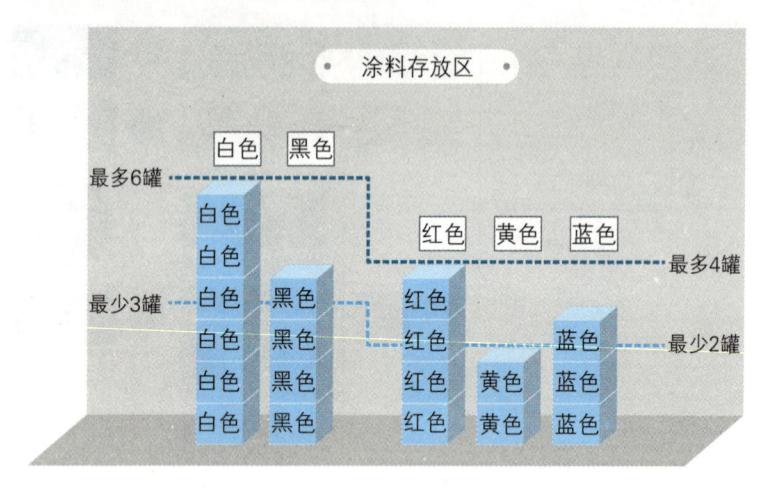

涂料存放区

- 最多6罐
- 最少3罐
- 最多4罐
- 最少2罐

白色：白色、白色、白色、白色、白色、白色
黑色：黑色、黑色、黑色、黑色
红色：红色、红色、红色、红色
黄色：黄色、黄色
蓝色：蓝色、蓝色、蓝色

3-24
使库存管理可视化

努力通过库存管理来降低成本（材料费）。

▶▶ 使库存可视化

降低原材料成本的方法有很多，比如下面几项：

- 集中到储存区。
- 将订单量化整为零。
- 修正订单的数量和搬运的频率。
- 减少材料的用量。
- 提高成品率和良品率的百分比。

还可以在 A 级物品中建立模型，以减少库存。

▶▶ 摒弃"大批量购买=低成本"的观念

我们总是认为购买 1000 个产品比购买 100 个产品单价更便宜，所以往往会大批量订购，但这会产生以下几项不良后果。

- 囤积材料和零件。
- 造成电力、空调等的浪费。
- 托盘、箱子、运输工具、电梯、空间、仓储、管理等方面的成本增加。

- 给资金周转带来压力（现金流恶化）。
- 封藏品和贬值造成了损失。
- 账面库存和仓库库存不匹配。
- 生产指令的顺序不清晰。

请一定不要忘记，存储成本比单价成本更重要。

保管成本中，**库存管理费**包括以下几项，通常相当于总库存量的20%~30%。

- 库存利息：材料采购成本、分包成本。
- 仓储区域：仓库等空间的租金、房产税和保险费。
- 搬运和储存工具：电梯、手推车、货架等的折旧费和燃油费。
- 劳务费：搬运、转运、做账、盘点。
- 盘损（盘亏）：物理上或社会上的陈旧化。

如果考虑到这些因素，以低价大量购入产品并不一定划算。

第 3 章 使 4M 可视化

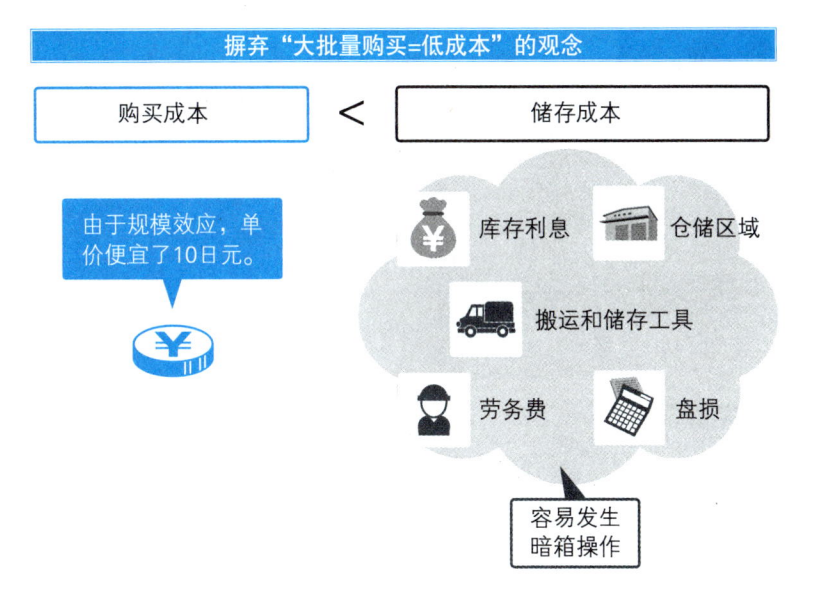

摒弃"大批量购买=低成本"的观念

购买成本 < 储存成本

由于规模效应,单价便宜了10日元。

储存成本包含:
- 库存利息
- 仓储区域
- 搬运和储存工具
- 劳务费
- 盘损

容易发生暗箱操作

3-25
使订单管理可视化

使订单可视化,以避免库存过多或短缺。

▶▶ 采购管理

为了降低库存短缺率,同时保持足够的库存,应该安排好订货量、订货点(警戒点)、交货时间和安全库存,并使用**订货卡**(**信号看板**)进行自主管理。在这个系统中,订货点根据安全库存和交货时间(lead time)之间的关系来确定,订货点和订单状态以卡片的方式实现可视化,以避免忘记下订单或过度下订单。

- 订货量:日均需求量×库存天数。
- 订货点:安全库存量+(日均需求量×交货时间)。
- 交货时间:从下单到收货需要的时间(天)。
- 安全库存:为避免日均需求波动时出现短缺,而持有的库存。
- 最大库存:安全库存+订货量。

▶▶ 订单信息管理

材料的库存信息是根据订单信息创建的,因此,我们可以

第3章 使4M可视化

将现状可视化并加以改善。我们可以设计一个模型,并核查以下各项信息。

- What(何物):产品名称、主要材料名称等。
- When(何时):时间、间隔、频率、次数、下单时机、交货时间、送货周期、生产计划周期等。
- Who(何人):发函部门、库存主管等。
- Where(何地):供应商、分包商、原产地、过境点、目的地、路线等。
- Why(为何):目的、原因等。
- How(如何):信息媒介(电脑网络、指示单、看板等)、信息是否均衡传递/整合、订购方式(定时/定量)等。
- How much(多少):产品产量、材料用量、订单批量(单位)等。
- How much:(何价):采购单价,批发价格,等等。

例如,记录产品名称A,主料名称=X,日产量=100件(+20%),产能单位=50千克/袋,日用料量=150千克(3袋),采购批量=1吨(20袋)/托盘,采购单价=300日元/千克,交货时间=订货日期+2天(第二天),订货方式=不定期定量,订货点(警戒点)=平均用量+安全库存=10袋,每月材料费=900,000日元/3吨,使用空间=$8m^2$(2个托盘),库存主管=采购部门,等等,并找出有哪些地方需要改善。

订货卡

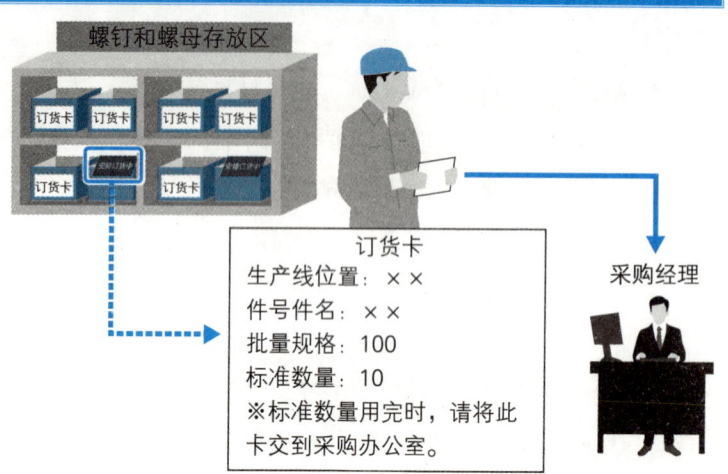

螺钉和螺母存放区

订货卡
- 生产线位置：××
- 件号件名：××
- 批量规格：100
- 标准数量：10

※标准数量用完时，请将此卡交到采购办公室。

采购经理

专栏 生产现场改善期间的阻力

即使问题实现了可视化，公司也下达了改善的指示，却仍然很难让员工采取行动。这是因为员工存在着以下这些潜在的抵触情绪。

① 太麻烦。

② 不知道该怎么做。

③ 感觉没有什么用处。

④ 我自己做不到，去告诉我的上级吧。

⑤ 成本不可能再降低了。

⑥ 如果压缩成本，质量就会下降。

⑦ 我不想被别人或上级要求做这做那。

⑧ 你不必告诉我，我早就知道这个问题了。
⑨ 为什么要改变现在做事的方式？
⑩ 只要自己弄明白了就可以吧。
⑪ 其他公司的成功经验并不适用于我们公司，因为我们所处的行业不同，或者规模不同，等等。

如果不能从根本上扭转这样的抵触情绪，改良孕育"企业文化"的土壤，改善工作就很难取得进展。我们可以采取"不指责为何做不到，只引导如何做到"的态度，来消除抵触情绪。

第 4 章

使 QCDS 可视化

QCDS 是指产品中的结果系（产出 OUTPUT）项目，即以下4项：

① Quality：品质
② Cost：成本
③ Delivery：交期
④ Safety：安全

在生产中，从上游工序到下游工序，存在着各个阶段，如设计、制造（生产）和交付。如果这些情况不可见，就会引发不良品、成本高、交付延迟、工伤等问题，进而导致客户投诉、亏损、处罚、停工和其他损失。

因此，在本章中，我们将为您介绍如何通过使 QCDS 可视化，防止这些损失的产生。

4-1
使不合格品可视化

暴露出工序内的不合格品,将它们显性化。

▶▶ 质量管理(品控)的基本思想

质量管理基本思想是通过三点:

- 不制造不良品(不让其发生)
- 不流出不良品(不让其流出)
- 万一发生不良,应确定其影响范围

使不合格产品可视化。即:

- 制造的不合格品:应通过红箱子(不良品放置区)、NG标签、工序内不良发生记录、每日报表等方式,使其可视化。
- 流出的不合格品:通过客户投诉可视化。

▶▶ 不合格品的管理方式

应按以下方式,对不合格品进行管理:

① 评估不合格的程度。

② 甄别出不合格产品。

③ 识别和隔离不合格产品。

④ 报告给公司内外的利益相关者。

⑤ 决定如何处理不合格产品。

- 再加工品：进行再加工，以满足 ISO 标准的要求（规格要求事项）。
- 特采（让步）品：修理或即将修理的，判定为特别采用。
- 重新评级品：重新评级，然后改变用途。
- 不良品：废弃。

⑥ 处理不合格产品。

⑦ 找出真正的原因。

⑧ 实施改善措施。

⑨ 确认效果。

⑩ 将经验横向推广。

特别是当不合格产品返工时，应明确以下程序：

① 对不合格产品进行返工时，应遵循主管的指示。

② 制定维修程序书，规范返工方法。

③ 特别是与尺寸精度有关的修正，须经过检验人员的批准。

④ 返工完毕后，必须检查初品（首件）。

⑤ 与尺寸精度有关的修正，须经过检验部门的主管批准。

不合格产品的可视化

红箱子

工序中不良发生记录

4–2
使品质优良与否可视化

使品质特性的判定标准可视化,消除人为的偏差。

▶▶ 设计品质和制造品质

制造业的品质分为两种类型:设计品质和制造品质。

- 设计品质:也被称作目标品质,指的是开发和设计阶段所要求的品质条件。
- 制造品质:也被称作适合品质,指的是受作业现场偏差的影响而变动的品质,通过作业标准来控制。

应该根据品质特性,使判定标准可视化。

▶▶ 使判定标准可视化

为了保证产品的质量,我们需要明确判定标准,并遵循检查的目的。通过**检验标准书**,使检验方法(包括检验顺序、判定标准、测量设备、样品数量等)和检验负责人可视化,并按照标准进行检验。

判断标准的可视化								
检验标准书		产品/零件编号×××		产品/零件名称×××		编制日期××	签发部门××	
工序编号	工序内容	检验方法						...
		品质特性	标准值	判定标准		测量设备	样本数量	...
				公差上限	公差下限		尺寸	间隔	...
001	验收检查	长度	100	102	98	卡尺	20	每批次	...
		厚度	5	5.2	4.8	量规			

▶▶ 利用判定样本实现可视化

对于检验标准书中无法量化的感官标准（如光泽、毛边），要准备**标准样品**、**样本**和**限度样品**（极限样品），与实际产品相对照，进行检验。

▶▶ 利用 QC 工序表实现可视化

QC 工序表，是将从材料采购到成品装运的过程中，每个阶段的管理特点和管理方法，沿着工序流程记录下来的表格。表中列出了每个产品的管理项目、管理水平、抽样调查、测量仪器、测定方法、记录方法等条目。

QC工序表

流程图	工序名称	机器/设备的名称	管理项目	管理水平	抽样调查	测量仪器/测量方法	记录方法	相关标准文件	…
	外径加工	车床	外径尺寸	±2	每班开始时	卡尺	检查表	作业标准0035	
	内径精加工		内径尺寸	±1	定时	极端样品	检查表	作业标准0040	

- 标准值
- 管理值

- 定时检查
- 定量检查
- 全数检查

- 测量仪器管理
- 极端样品管理

4-3 在工序中完善品质

在工序中,针对不良发生的源头采取对策。

▶▶ 在工序中完善品质

为了减少不良品,主管往往会执行严格的检查,但其实这并不能达到最终的目的。严格地执行工序内检查和最终检验(出厂检验),虽然能够提高发现不良品的准确度,但并不会消除不良本身。为了从根本上消除不良,必须在工序(加工、装配的工序或作业)中完善品质。

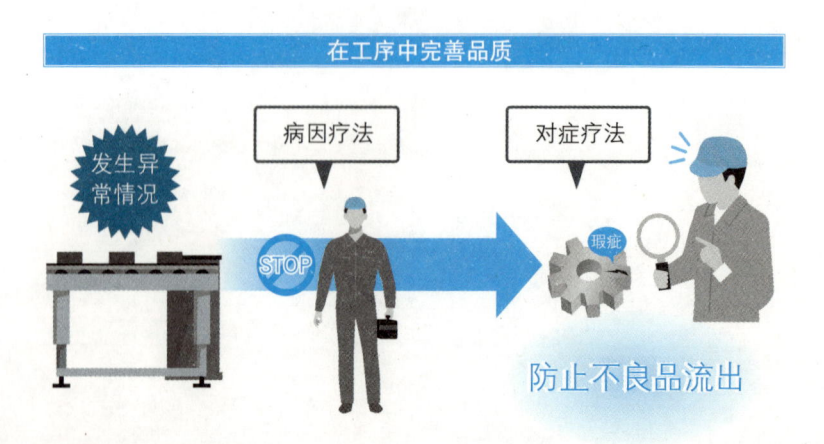

在工序中完善品质

发生异常情况 → 病因疗法 STOP → 对症疗法 瑕症 → 防止不良品流出

带有"人性化"的自动化

缺乏"人性化"的自动化，是为了追求效率而将手工作业机械化的生产方式，其风险在于一旦存在不良，也会自动地大规模生产出来。另一方面，**带有"人性化"的自动化**，是可以停顿的机械化。它的起源是由丰田佐吉发明的带有自动停止装置的自动纺织机。当纬线断裂时，装置就会使机器停止运转，防止进一步生产出不良品。

也就是说，带有"人性化"的自动化中纳入了人类的智慧，具有能够判断产品品质优劣的功能。如果出现问题，机器就会停下来，这时候我们就可以及时采取对策，并从根本上消除问题发生的原因。

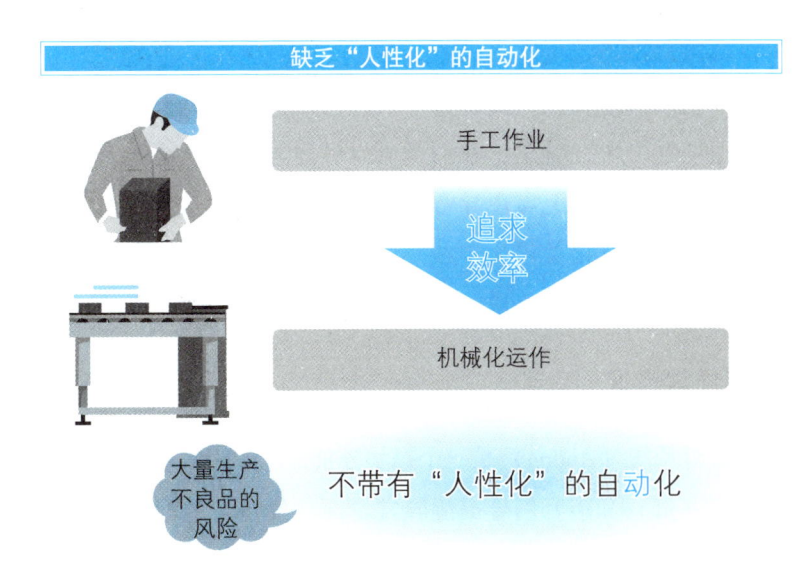

缺乏"人性化"的自动化

手工作业

↓ 追求效率

机械化运作

大量生产不良品的风险

不带有"人性化"的自动化

带有"人性化"的自动化

机械化运作

↓ 不会大量生产不良品

停机的机械化

带有"人性化"的自动化

▶▶ **机器在出现异常时就会自动停止,作业员在发现异常后也可以关停机器**

如果出现异常,机器就会停止,问题就会浮出水面。一旦明确了问题出现在哪里,我们就可以针对其进行改善。如果是人工操作的生产线上出现异常,作业员们自身也无须**对关停有所顾忌**,可以直接关停生产线。可以说,自动化是使问题可视化(显性化)的一种手段。

▶▶ **发现异常情况**

安灯系统(Andon)是一个提示异常情况的工具。安灯系统通过光(灯)和声音信号提醒异常情况的发生,主管人员可以据此采取相应的措施。也就是说,安灯是用于通知主管人员发

第 4 章　使 QCDS 可视化

生异常情况（如发生不良、生产线故障、零件短缺和设备故障等），并敦促其采取措施，进行改善的可视化工具。

① 呼叫安灯：当零件即将用完时，系统就会呼叫"水蜘蛛※"来补充零件，呼叫者的位置会显示在灯上，零件补充者会据此及时补充零件。

（※译者注：水蜘蛛是工厂中专门从事物料和信息传递的一个岗位，也称作转运工、物料员等。）

② 异常安灯：当发生任何异常情况时，如发生不良、工序内的故障、设备故障等，系统就会呼叫主管，主管便会对异常情况进行处理，并对作业员进行支援，直到生产线恢复正常。

③ 稼动安灯（Operation andon）：显示设备的稼动状态，以红、黄、绿三种颜色来表示。例如，红色表示生产线因发生不良、设备故障、缺件、切换作业等原因而停工，黄色表示要求补给零件或呼叫主管，绿色表示正常。

机器因异常情况而停止

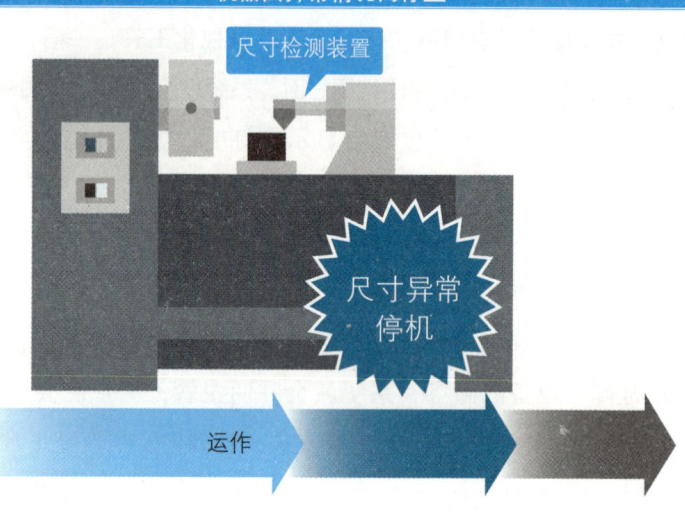

尺寸检测装置

尺寸异常停机

运作

发现异常情况

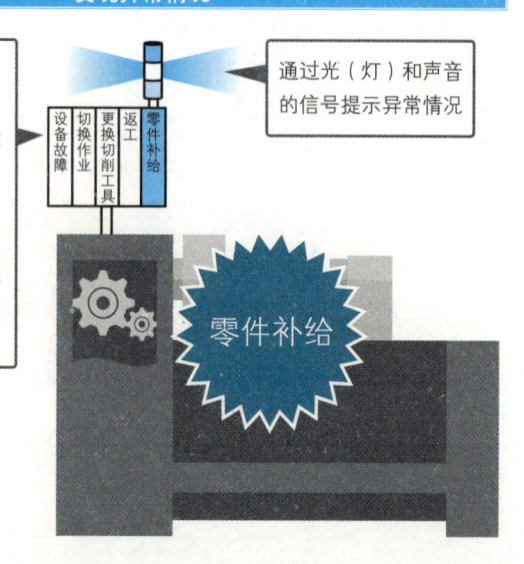

安灯系统
例如，
红色=因发生不良、设备故障、缺件、切换作业等原因造成的生产线停工。
黄色=要求补给零件或呼叫主管
绿色=正常

设备故障 | 切换作业 | 更换切削工具 | 返工 | 零件补给

通过光（灯）和声音的信号提示异常情况

零件补给

4-4
从源头找原因寻对策

问题的原因,不仅仅来自生产现场,还来自上游,因此要从根源上解决。

▶▶ 1∶10∶100 法则

根据对 IBM 公司在罗切斯特工厂生产的 AS400 计算机的质量浪费成本的分析结果可知,如果在设计和开发阶段发现瑕疵或问题,并在工厂组装前予以修正,则浪费成本为 1;如果在工厂组装后的出厂检查中发现瑕疵或问题,并在进入市场前予以修正,则浪费成本为 13;产品运往市场后,在市场修正瑕疵或问题的浪费成本是 92。根据发现瑕疵或问题的场所,浪费成本的比例为"设计开发阶段:出货检验阶段:市场=1∶13∶92≈1∶10∶100",人称 **1∶10∶100 法则**。

1∶10∶100法则
根据发现瑕疵或问题的场所,浪费成本的比例为:
设计开发阶段:出货检验阶段:市场≈1∶10∶100

> 要在上游工序彻底根除导致不良的原因。

使开发组织可视化

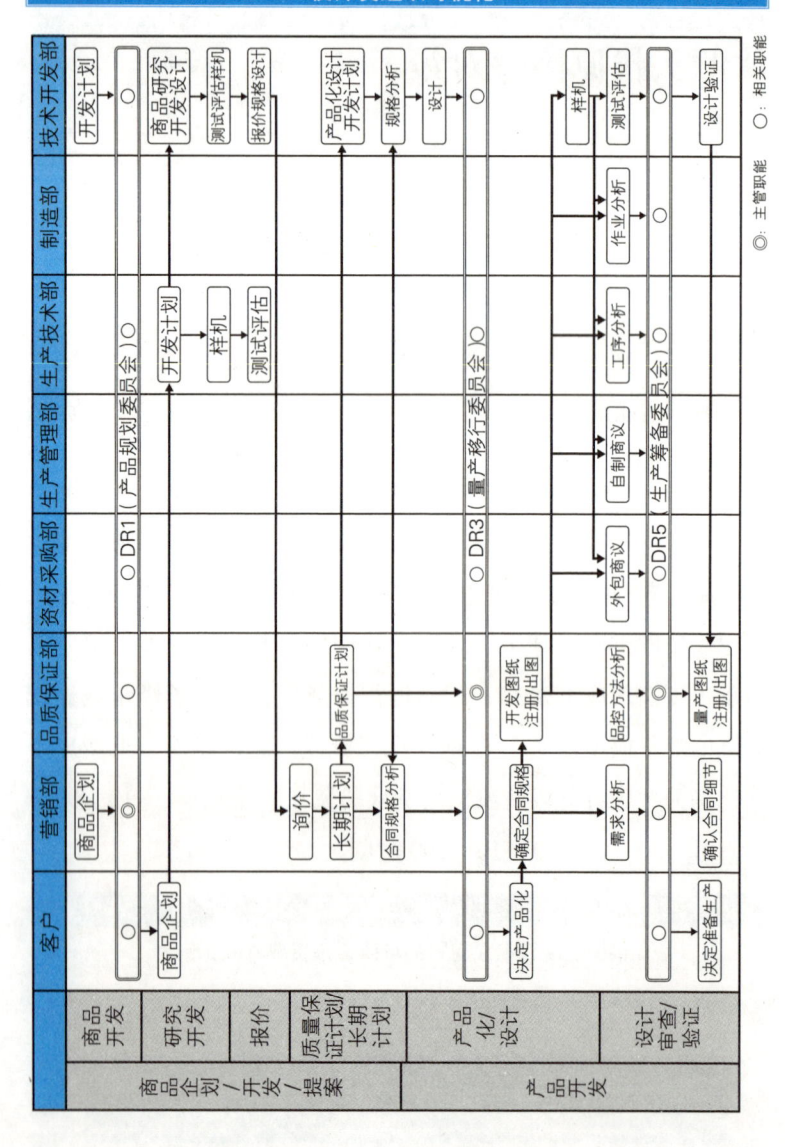

阶段	客户	营销部	品质保证部	资材采购部	生产管理部	生产技术部	制造部	技术开发部
商品企划/开发/提案 — 商品开发	商品企划 ○	商品企划 ◎	○					开发计划
商品企划/开发/提案 — 研究开发								商品研究开发设计 / 测试评估样机 / 报价评估规格设计
商品企划/开发/提案 — 报价		询价		○ DR1（产品规划委员会）○		开发计划 / 样机 / 测试评估		
商品企划/开发/提案 — 质量保证计划/长期计划		长期计划 / 合同规格分析	品质保证计划 ◎					产品化设计开发计划 / 规格分析 / 设计
产品开发 — 产品化设计	决定产品化	确定合同规格	开发图纸注册/出图	○ DR3（量产移行委员会）○	自制商议	工序分析	外包商议 / 作业分析	
产品开发 — 设计审查/验证	决定准备生产	需求分析 / 确认合同细节	品控方法分析 / 量产图纸注册/出图	○ DR5（生产筹备委员会）○	生产筹备	样机		测试评估 / 设计验证

◎：主管职能　○：相关职能

也就是说，如果通过出库检验能防止不良品流出，则浪费成本只有10。此外，如果在设计和开发阶段，就能够防止不良品流出，那么浪费成本就只有1。

为了在上游就消除瑕疵或问题，要使开发组织可视化。

▶▶ 源流管理

源流管理是在企划→设计→开发→样机→量产样机→量产初期的阶段，通过消除大规模生产后涌现问题的生产结构，在早期规划/开发阶段就尽早预测和解决掉未来的风险，从而降低成本浪费的方法。

源流的相关定义如下：

- 源头：起源，原因
- 原点：价值的起源
- 上游：流程的前端
- 早期：时间的早期阶段

在未造成影响之前，就在上游发现、解决与QCDR（风险）有关的问题和议题。

▶▶ 前期投入

许多问题，如可操作性、部件之间的干扰、质量、外观等，在开始大规模生产后才会出现。这时，要将问题、议题和价值判断**提到前期的学习阶段**。这会使我们在早期阶段就能确保最佳的质量特性，实施适当和经济的生产准备，以及调整和维护

"维持管理体制（系统）"。

前期投入

提前学习（问题/议题/评价识别）

目标状态　　　　　　　　　当前状态（问题）

可操作性、部件之间的干扰、质量、外观等问题，在开始大规模生产后才会出现。

企划　设计　开发　样机　量产样机　量产初期

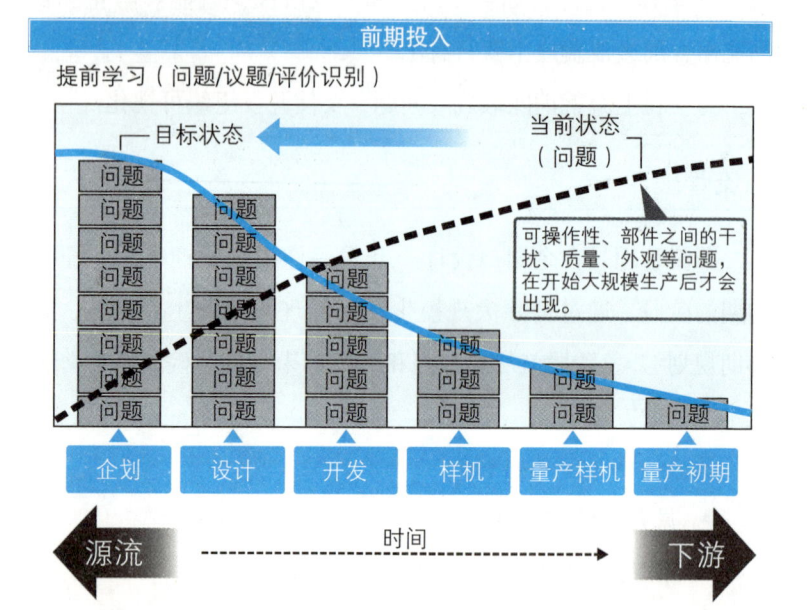

← 源流　　　　时间　　　　下游 →

▶▶ 并行工程（Concurrent Engineering）

　　质量问题的根源，往往存在于上游的销售、设计开发、采购、质量保证和生产管理部门。因此，应该让各部门以**跨职能**的方式组织在一起，**并行开展**工作。

并行工程（Concurrent Engineering）

| 营销部 | 设计开发部 | 采购部 | 质量保证部 | 生产管理部 | 制造部 |

同步并行/跨职能

构成产品开发流程的多个工序同步并行，通过部门之间跨职能共享信息以及共同作业，来消除质量上的问题。

4-5

通过流出对策保证质量

防止不良品流动到后期处理(后工序)和客户处。

▶▶ 流出对策

如果抱着"工序内不良品会由后工序检查出来、不良品可以返工,或者最终(出厂)检测会剔除不良品"的心态,将不良品推送到后工序,那么最终检测将不得不承担所有的甄别压力,如果有所疏漏,就会遭到客户的投诉。所以,我们应该始终保持**"后工序就是客户"**的意识,采取流出对策,来防止不良品流出。

流出对策包括以下两种方法:

- (狭义上的)在生产工序的末端设置检验工序,以防止不良品流出。
- (广义上的)避免因机器设备维护不善而造成的加工精度低下,以及零件和材料的精度、纯度和手工作业的偏差而造成的不良品出现。

后工序相当于客户

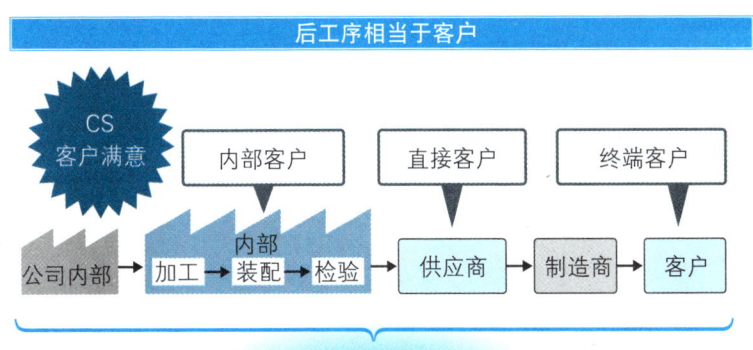

```
CS          内部客户      直接客户      终端客户
客户满意       ↓            ↓            ↓
公司内部 → 加工 → 内部装配 → 检验 → 供应商 → 制造商 → 客户
```

每个阶段都有自己的后工序

▶▶ 质量保证

质量保证的基本思路如下：

- 检查每台机器。
- 生产一定数量后，停机进行质量检测。
- 整改以便能看到历史记录。
- 遵循先入先出原则。
- 在相同条件下重复生产。

追究原因的原则如下：

- "三现"原则（现场、现物、现实）。
- 通过"一个流"生产，让人在作业之后就能够了解原因。
- 通过加工顺序和历史记录，追究原因。

▶▶ 全数保证和批次保证

在质量保证方面，最理想的是保证全部产品，即全数保证（注1），但在有限的时间和成本下，也可以**定时定量**地保证该批次产品，即批次保证（注2），并进行**记录**。

注1：通过全数检测，来保证全数产品都是良品。

注2：保证从上次检查到本次检查期间的所有产品都是良品。

4-6
通过批次保证,防止不良品流出

通过初品、初物、终物的一系列管理,来实现批次保证。

▶▶ 初品管理

初品的概念包括以下内容:

① 全新设计品:新设计的产品。

② 设计变更品:通过小改样或大改样进行设计变更的产品。

③ 工序变更品:新的工序设置,新置或改造的设备和机器,新置或改造的模具、刀具和工装夹具,改变材料零件制造商,改变加工、装配的方法和条件,改变锻造、铸造、清洗、涂装、焊接、成型及烧结方法和条件。

初品管理	
初品确认规则(示例)	
内制品	外购品
• 选择初品测定项目(质量检查标准表) • 决定可否进行可靠性试验 • 精密测定××件初品 • 如果产品不符合标准,应通知主管人员 • 如果发现严重的质量缺陷(如影响生产线运行),应立即与主管联系	• 初品交货时,如果没有附带初品标签、初品测定结果报告书,应判定该批次不合格 • 精密测定××件初品 • 如果发现不良品,请立即与供应商联系

初品流动时，要设立**初品确认规则**，并使其可视化，同时工序变更计划部门要通过内部**工序变更计划通知书**联络各个工序，并进行重点检查。

⏩ 初物管理

初物是指在日常生产活动中初始作业生产的产品，通过检查并确认其质量良好，可以保证在相同条件下生产的后续产品的质量。

初始作业包括以下作业：

① 早班、晚班开始作业时。

② 作业员换班时。

③ 调整或更换刀具和工装夹具时，或切换作业时。

④ 调整机器设备时。

⑤ 加工和装配条件（压力、温度、浓度、功率、速度等）在标准范围内调整时。

初物流动时，应对工序检查员可视化，使其能够沟通被改善的质量项目，没有遗漏地进行检查。

⏩ 终物管理

终物是指作业结束时生产的那批产品，通过保证作业结束时产品的质量，以确保一整天产品是在相同条件下生产的。它是通过**工序检查表**来记录和管理的。

第4章 使QCDS可视化

终物管理																			
工序名称					工序检查表						核验人	文件编号							
编号	检查项目	标准	监测/测定方法	检查员	图片/照片							编写者							
1												创建月日			年			月度	
2											批准人	品号							
3												品名							
4												生产线名				设备编号			
5																			
	质量检查记录栏（录入零件编号）									作业员确认栏				主管记录栏				异常处理记录栏	
	( )		( )		( )		( )		( )	设备检查	条件	防错检查栏	作业员签名栏						
日	初物	终物	初物	终物	初物	终物	初物	终物	初物	终物	主灯	设定压力 kg			初物	初物				
1																				
2																				
3																				
4																				
5																				
6																				
7																				
8																				

4-7 使质量记录可视化的对策

通过对数据的收集、处理和分析,针对不良发生和流出的原因实施改善。

> **统计数据**

质量控制(Quality Control)是一种基于事实的管理模式。为此,必须从质量记录和其他来源收集和整理数据。其步骤如下:

① 明确目标:市场分析、产品开发、耐久性预测、安全评估、质量保证、改善等。

② 确定数据项目:确定数据类型,如计量值(长度、重量、强度、使用量、时间、湿度等)或计数值(不良率、不合格率、缺勤率、出勤率、不良个数、不合格个数等)。

③ 确定数据收集方法:比如,指数=不良个数,测定方法=目测,测量范围=8月第一周的5天,测定人员=A线检验员,等等。

④ 总体和样本:抽样数量以统计学计算为基础,无偏差,最大限度地提高准确性。

第 4 章 使 QCDS 可视化

⑤ 整理数据：平均、偏差、时间序列、分层。

因此，如果通过 5MET 等模式进行**分层控制**，就可以有的放矢。比如说产品 C 的不良率高，进而发现该产品装配工序中的不良率很高，就可以针对这一项进行整改。

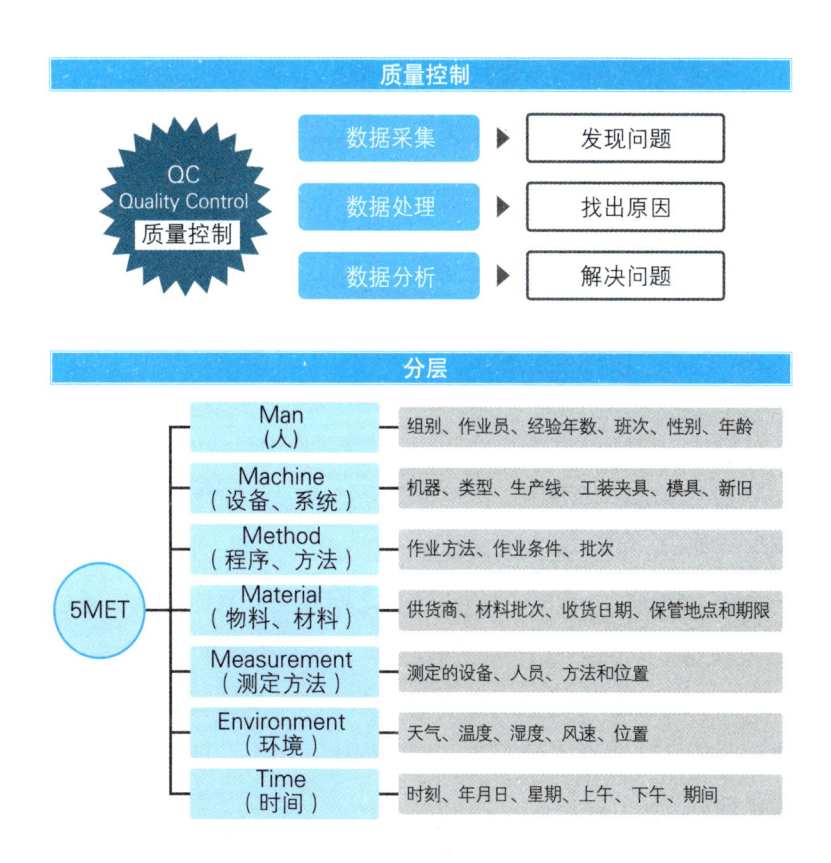

质量控制		
QC Quality Control 质量控制	数据采集 ▶	发现问题
	数据处理 ▶	找出原因
	数据分析 ▶	解决问题

分层		
5MET	Man（人）	组别、作业员、经验年数、班次、性别、年龄
	Machine（设备、系统）	机器、类型、生产线、工装夹具、模具、新旧
	Method（程序、方法）	作业方法、作业条件、批次
	Material（物料、材料）	供货商、材料批次、收货日期、保管地点和期限
	Measurement（测定方法）	测定的设备、人员、方法和位置
	Environment（环境）	天气、温度、湿度、风速、位置
	Time（时间）	时刻、年月日、星期、上午、下午、期间

分层控制

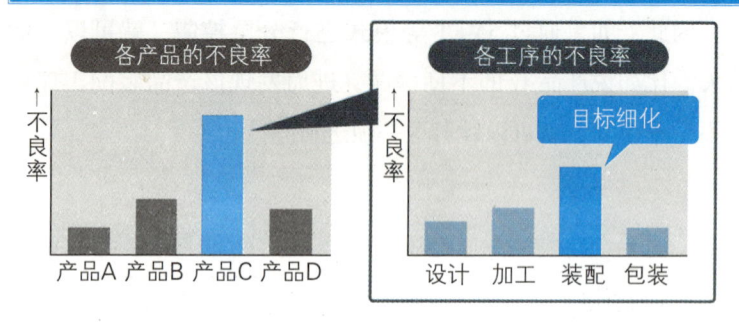

各产品的不良率 → 各工序的不良率（目标细化）

产品A 产品B 产品C 产品D　　设计 加工 装配 包装

▶▶ 数据的可视化

我们可以使用 **QC 七大工具**，通过数据处理来探明问题产生的原因，通过数据分析来解决问题。QC 七大工具如下面所示。

① 检查表：一种为了获得所需的确切数据而设计的工具，通过设计项目来记录数据，来明确日常工作中隐藏的实际情况。

② 因果图（鱼骨图）：一种明确造成问题特征（结果）的因素（原因）的工具，通过整理问题的因果关系，追究其原因。

③ 散布图：一种阐明两类数据之间相互关系的工具，通过在 X 轴和 Y 轴的交点上标绘两类数据，看是否存在相关关系。

④ 柱形图：一种直观显示数量大小、比例比较、时间序列变化、项目之间平衡的工具，易于创建，让人一目了然，容易抓住重点。

⑤ 帕累托图：一种用于明确必须重视的现象或原因的工具，根据帕累托法则，使劳动力和结果/投入和产出之间的关系一目了然。

第4章 使QCDS可视化

⑥ 直方图：一种掌握数据偏差状态的工具，通过与标准的拟合度，偏差的分布、偏离、中心以及异常数据，发现工序的异常点。

⑦ 控制图：一种用于日常监测工序是否处于稳定状态的工具，从数据的偏差中可以找出自然偏差和异常偏差。

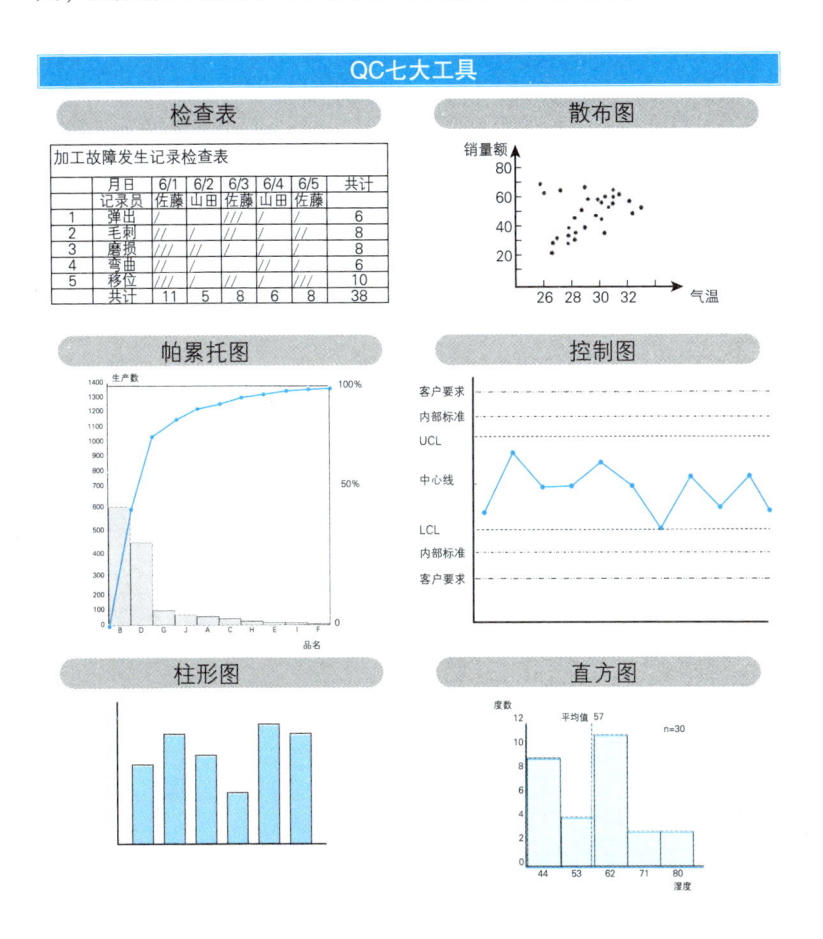

QC七大工具

检查表

加工故障发生记录检查表						
	月日	6/1	6/2	6/3	6/4	6/5	共计
	记录员	佐藤	山田	佐藤	山田	佐藤	
1	弹出	///		///	/		6
2	毛刺	///		///		//	8
3	磨损	//		///	///		8
4	弯曲	///			///		6
5	移位	///	///		//	//	10
	共计	11	5	8	6	8	38

散布图

帕累托图

控制图

柱形图

直方图

因果图（鱼骨图）

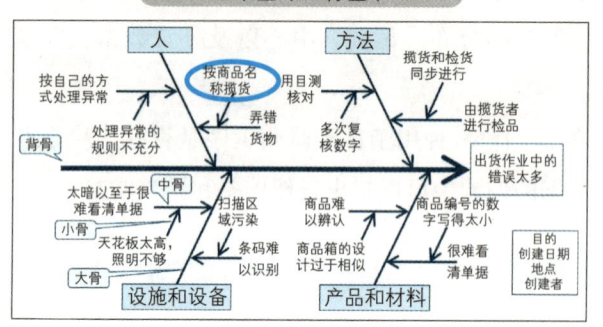

```
                【人】              【方法】
按自己的方   按商品名   用目测   揽货和检货
式处理异常   称揽货    核对    同步进行
      ↘      ↓        ↓      ↙       由揽货者
   处理异常的    弄错    多次复         进行检品
背骨 规则不充分  货物    核数字
                                    → 出货作业中的
         中骨                          错误太多
   太暗以至于很   ↓
   难看清单据   扫描区   商品难   商品编号的数
   小骨        域污染   以辨认   字写得太小
   天花板太高,         ↑       ↑      很难看
   照明不够    条码难   商品箱的设         清单据
   大骨       以识别   计过于相似
         【设施和设备】     【产品和材料】
```

目的
创建日期
地点
创建者

4-8
使成本可视化

成本由制造成本、营业费用、管理费用组成,我们应该在生产现场控制住制造成本。

▶▶ 制造成本

成本可分为以下几项类别:

- 制造成本:在产品制造过程中发生的成本(如材料费、劳务费、制造经费等)。
- 营业费用:在销售活动中发生的成本(如销售人员的工资、广告费等)。
- 管理费用:在一般管理活动中发生的成本(折旧费、总部劳务费等)。

在生产现场中,我们必须注意控制生产成本。

制造成本按形式,可分为以下几类:

- 材料费:消耗生产所需的材料和部件所产生的成本(原材料费、部件采购费等)。
- 劳务费:雇用员工所产生的费用(生产部门的工资、法定福利费用等)。

- 经费：除材料费、劳务费之外的产品制造所产生的费用（折旧费、水电煤气费等）。

此外，按照与产品的关联性，制造成本可分为以下几类：

- **直接制造成本**：材料费等与产品有明显关系的制造成本（主要材料费、直接工时工资、外购加工费等）。
- **间接制造成本**：由于被几种产品共同消耗，而无法与产品分开计算的制造成本（辅助材料费，工厂耗材费，间接工时工资，厂长，员工的工资，折旧费，水电煤气费等）。

可以整理为如下表格：

	直接制造成本	间接制造成本
材料费	直接材料费	间接材料费
劳务费	直接劳务费	间接劳务费
经费	直接经费	间接经费

▶▶ 降低成本

例如，某公司想在@700日元的成本上确保有@300日元的利润，于是按照"销售价格=成本+利润"的计算公式，以@1,000日元的销售价格（@1,000日元=@700日元+@300日元）出售产品，但这样可能会因为相较于竞争对手给出的市场价格，定价过高，而导致产品卖不出去。

因此，我们应该遵循降低成本的基本思路：如果市场价格是@800日元。我们制定的销售价格也应该是@800日元。如果公司想获得@300日元的利润，就应该把成本降低到@500日元。也就是说，要按照"**利润=销售价格−成本**"（@300日元=

@800日元-@500日元)"的计算方式来考虑。

确定销售价格时,不要不顾及成本,只一味地往上叠加利润,而要记住销售价格是由市场决定的,市场价格减去利润后的剩余部分才是成本,这对公司的生存来说是至关重要的。

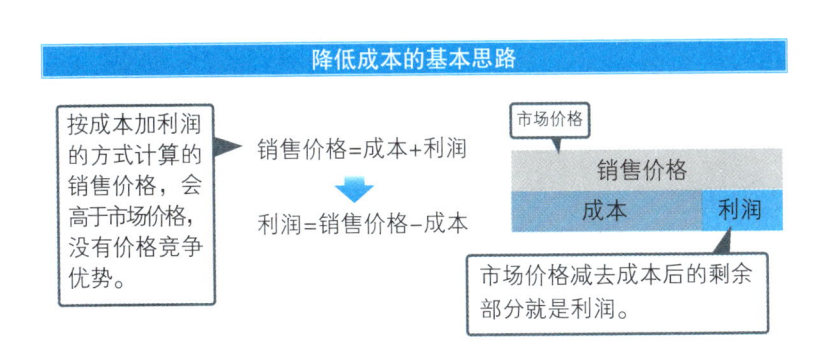

降低成本的基本思路

按成本加利润的方式计算的销售价格,会高于市场价格,没有价格竞争优势。

销售价格=成本+利润

⬇

利润=销售价格-成本

市场价格

销售价格	
成本	利润

市场价格减去成本后的剩余部分就是利润。

4-9 成本管理

将成本管理体系可视化。

▶▶ 成本管理

广义上的成本管理,包括成本管理和成本核算两部分。

- 成本管理:包括**成本企划**、**成本维持和控制**以及**成本降低**三个职能,起到了规划成本、维持和控制住预期成本,以及降低成本的作用。即企划、维持控制并降低产品或服务的成本,以保证公司的目标利润。

- 成本核算:包括经营决策和财务报表的编制等各项工作,是成本管理的基础环节,为成本信息可视化打下了基础。

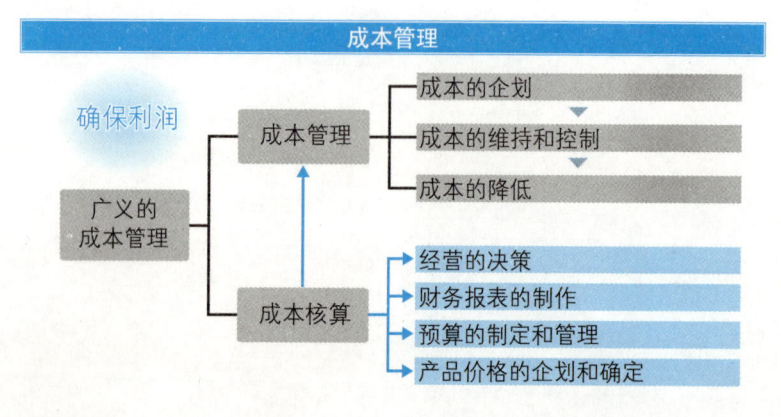

成本管理		
确保利润	成本管理	成本的企划
		成本的维持和控制
		成本的降低
广义的成本管理	成本核算	经营的决策
		财务报表的制作
		预算的制定和管理
		产品价格的企划和确定

第4章 使QCDS可视化

▶▶ 成本企划

成本企划包括在市场营销中通过**市场调查**获取价格信息，通过研究针对竞争对手的**定价策略**来确定**销售价格**，并根据销售价格确定**目标成本**（销售价格减去利润的差额）。目标成本确定后，为了达成目标，应该通过**产品设计**和**工序设计**控制**标准成本**。

① 产品设计：关于原材料，要寻找能够满足功能和性能的最便宜的材料。产品的构造关系到其组成零件的数量，从而决定零件的成本，所以应该研究出一个最精练的构造。在产品的机理方面，应该力求用最简单的方法来满足产品的功能和性能。产品及其部件的精度直接关系到加工和装配的难易度，因此应追求产品功能和性能所允许的最适度的精度。

② 工序设计：在工序上，应尽可能地控制设施成本和分包

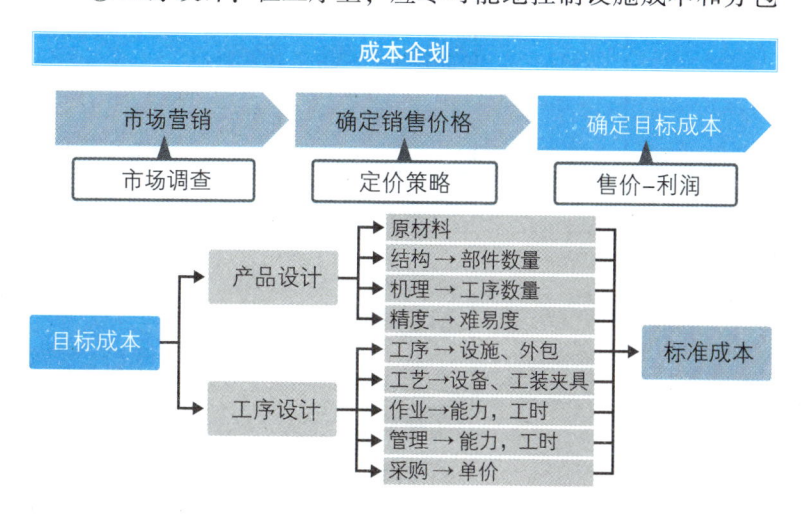

成本企划

市场营销 → 确定销售价格 → 确定目标成本

- 市场调查
- 定价策略
- 售价−利润

目标成本
- 产品设计
  - 原材料
  - 结构 → 部件数量
  - 机理 → 工序数量
  - 精度 → 难易度
- 工序设计
  - 工序 → 设施、外包
  - 工艺 → 设备、工装夹具
  - 作业 → 能力，工时
  - 管理 → 能力，工时
  - 采购 → 单价

→ 标准成本

成本。在工艺上，应寻求能够确保产品质量的最基本的设备和工装夹具。在作业和管理上，应尽量节省员工的生产能力和工时。在采购上，应该选择最经济的单价成本。

标准成本是由产品设计和工序设计决定的，它由材料费、劳务费、制造经费组成。

- 材料费的标准成本：通过标准单价（购买材料时的预定单价）和标准使用量（产品生产中使用的材料的预定数量）来表示。
- 劳务费的标准成本：通过标准时薪（作业员每小时的预定工资）和标准时间（制造产品所花费的预定作业时间）来

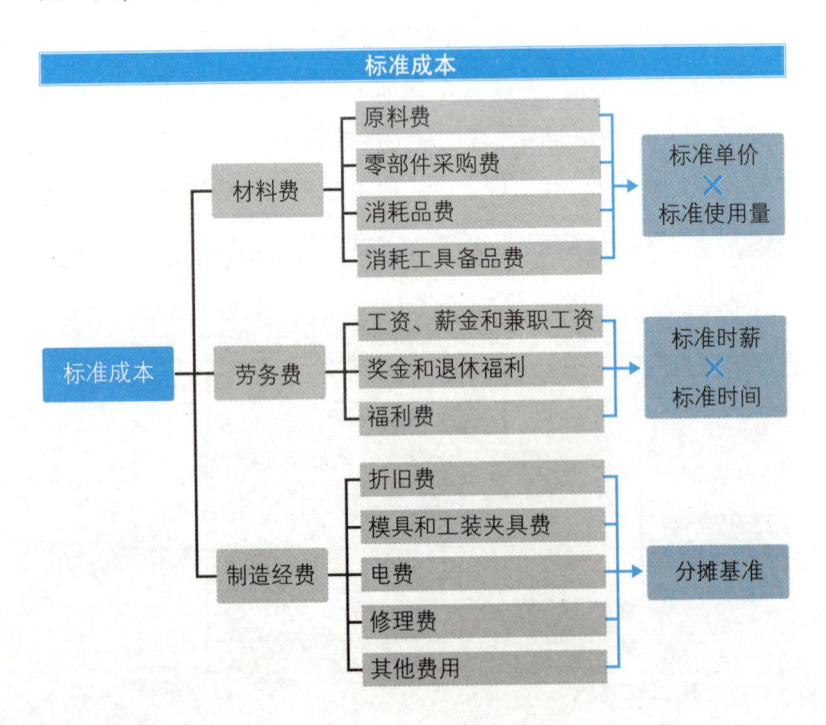

标准成本			
标准成本	材料费	原料费	标准单价 × 标准使用量
		零部件采购费	
		消耗品费	
		消耗工具备品费	
	劳务费	工资、薪金和兼职工资	标准时薪 × 标准时间
		奖金和退休福利	
		福利费	
	制造经费	折旧费	分摊基准
		模具和工装夹具费	
		电费	
		修理费	
		其他费用	

表示。

- 制造经费的标准成本：是由分摊基准（决定各项产品制造要承担多少制造经费的基准）确定的。

▸▸ 计算标准成本的例子

让我们以制作一道炖菜为例进行说明。

- 材料费：如果土豆的标准单价是每 100 克 12 日元，每道菜用 85 克，那么材料费就是 12 日元×85÷100 克 = 10.2 日元/盘。

- 劳务费：如果一个厨师的标准时薪是 950 日元，做这道菜需要花费 6 分钟，那么劳务费就是 950 日元×6÷60 分钟 = 95 日元/盘。

- 制造经费：制造经费的分摊有很多计算方法，这里用直接劳务费法来计算。由于劳务费每日元的分摊基准是 0.3，而由上文可知，每道菜的劳务费是 95 日元/盘，所以制造经费为 0.3×95 日元 = 28.5 日元/盘。

用这种方法计算出的每盘炖菜的标准成本，为材料费、劳务费、制造经费的总和，即材料费 10.2 日元+劳务费 95 日元+制造经费 28.5 日元 = 133.7 日元/盘。

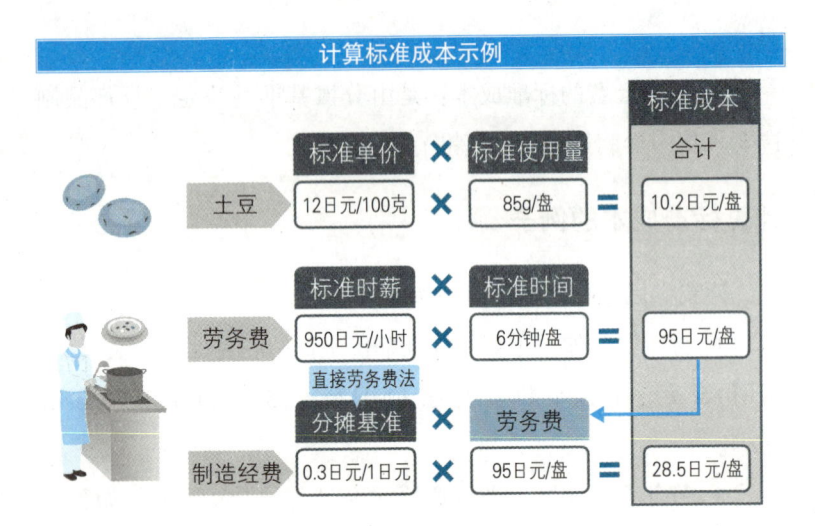

计算标准成本示例

	标准单价	×	标准使用量		标准成本 合计
土豆	12日元/100克	×	85g/盘	=	10.2日元/盘

	标准时薪	×	标准时间		
劳务费	950日元/小时	×	6分钟/盘	=	95日元/盘

直接劳务费法

	分摊基准	×	劳务费		
制造经费	0.3日元/1日元	×	95日元/盘	=	28.5日元/盘

4-10
维持、控制和降低成本

通过成本企划规划好成本后,应该力图维持、控制以及降低它。

▶▶ 维持和控制成本

目标成本是由目标利润决定的,而**标准成本**是由产品设计和工序设计决定的。标准成本只是理论上的成本,所以应该在此基础上,对实际要花费的材料费、劳务费、制造经费进行估算。通过明确**估计成本**(estimated cost)和标准成本之间的差距,修订产品设计和工序设计,以实现目标成本,并设定一个可行的标准成本。这属于对标准成本的**维持和控制**。

此外,一旦实际投入生产,实际成本就会变得清晰明了。**实际成本**受市场行情和作业偏差等各种因素的影响,可能会与估计的不同,所以我们应该尽量避免实际成本的波动和增加,使之与标准成本相符。这属于对实际成本的维持和控制。

▶▶ 降低成本

厂商会受到竞争和市场行情的影响,从而降低销售价格,这就要求降低标准成本，而这又导致厂家不得不力求降低实际成本。另外，在某些情况下，由于材料价格或员工工资的上涨，实际成本可能会更高。为了使上涨的实际成本不超过标准成本，应该采取以下措施来降低成本。

降低标准成本的措施包括：

- 从材料费上降低标准成本：更换材料，更改用量和成分，开发新工艺、作业方法以减少材料浪费等。
- 从劳务费上降低标准成本：改善劳动力的构成，开发新工艺、作业方法以提高生产效率，实现机械化和自动化等。
- 从制造经费上降低标准成本：使制造经费成为可变费用，重设分摊方法，等等。

降低实际成本的措施包括：

- 从材料费上降低实际成本：改善采购方法，针对规格和下限值减少材料使用量；改善工艺和作业方法，减少材料使用量的偏差；等等。
- 从劳务费上降低实际成本：与降低标准成本的措施相同。
- 从制造经费上降低实际成本：进行评估和修改，以防止实际情况与执行标准之间出现偏差，并改善基准指标，改变分摊比例，等等。

第 4 章 使 QCDS 可视化

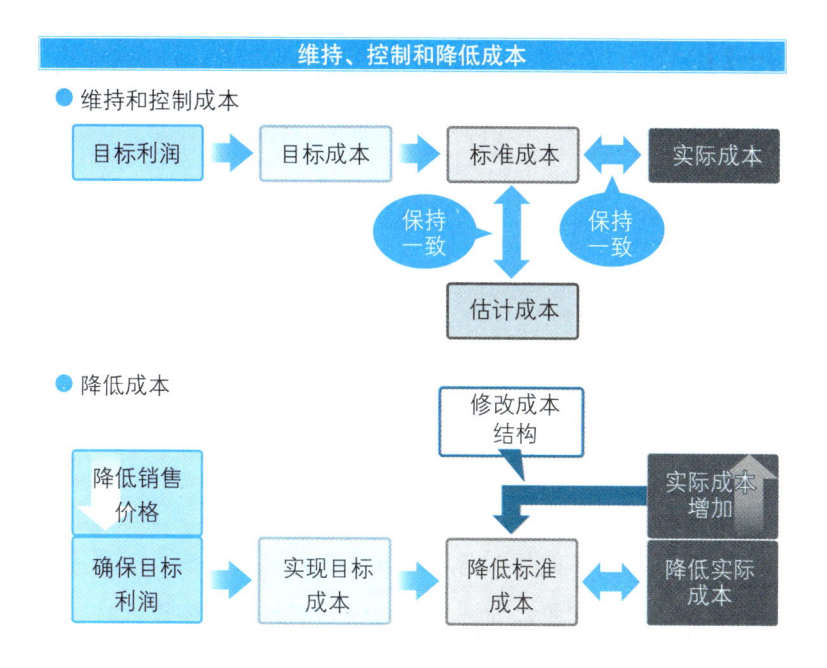

维持、控制和降低成本

● 维持和控制成本

目标利润 → 目标成本 → 标准成本 ↔ 实际成本

标准成本 ↕ 估计成本（保持一致 / 保持一致）

● 降低成本

降低销售价格 / 确保目标利润 → 实现目标成本 → 降低标准成本 ↔ 降低实际成本

修改成本结构 → 降低标准成本

实际成本增加

4-11
成本核算

为"经营的决策""财务报表的制作""预算的制定和管理""产品价格的企划和确定"提供成本信息。

▶▶ **标准成本核算和实际成本核算**

标准成本核算就是在制定标准成本时进行的成本核算,是按**分费用项目核算成本**的方法进行的。**实际成本核算**就是在收集和统计实际成本时进行的核算,包括两种计算方法:**单独成本核算**和**综合成本核算**,前者是以每个产品为单位进行汇总,后者是对同一种产品进行汇总。

▶▶ **实际成本核算**

实际成本核算按以下步骤进行:**分费用项目核算成本,分部门核算成本,分产品核算成本**。之所以先分费用项目核算成本,是因为大多数成本数据都是按费用项目进行管理和收集的,而且在标准成本核算中,也会使用到这种核算法。

- 分费用项目核算成本:将原材料费分为直接材料费和间接材料费,劳务费分为直接劳务费和间接劳务费,制造经费则分为直接经费和间接经费。材料费是由材料单价和材料使用量计算出来的。在计算材料单价时，有先进先出法、后进先出法、加权平均法、移动平均法等计算方法。在计算材料使用量时，可以按出库量、采购量，以及上个月与本月的库存差额计算。

- 分部门核算成本：通过分费用项目核算成本，明确了各项目成本后，就要通过分部门核算成本明确针对这些成本的管理责任。要让每个部门控制的所有实际成本"可视化"。

- 分产品核算成本：通过分费用项目核算成本，明确了各项目成本；又通过分部门核算成本，明确了各负责部门需要控制的成本之后，将每个产品的盈亏"可视化"就是分产品核算成本。要将每种产品的实际生产成本可视化。即对直接材料费（如制造产品所需的原材料和零部件）、直接劳务费（制造产品的作业员的工资）、直接经费（制造产品所涉及的转包加工费和制造中使用的工装夹具费），以及其他间接材料费和间接劳务费进行汇总，并按费用项目划分为每种产品的直接材料费、劳务费和经费，然后进行统计。

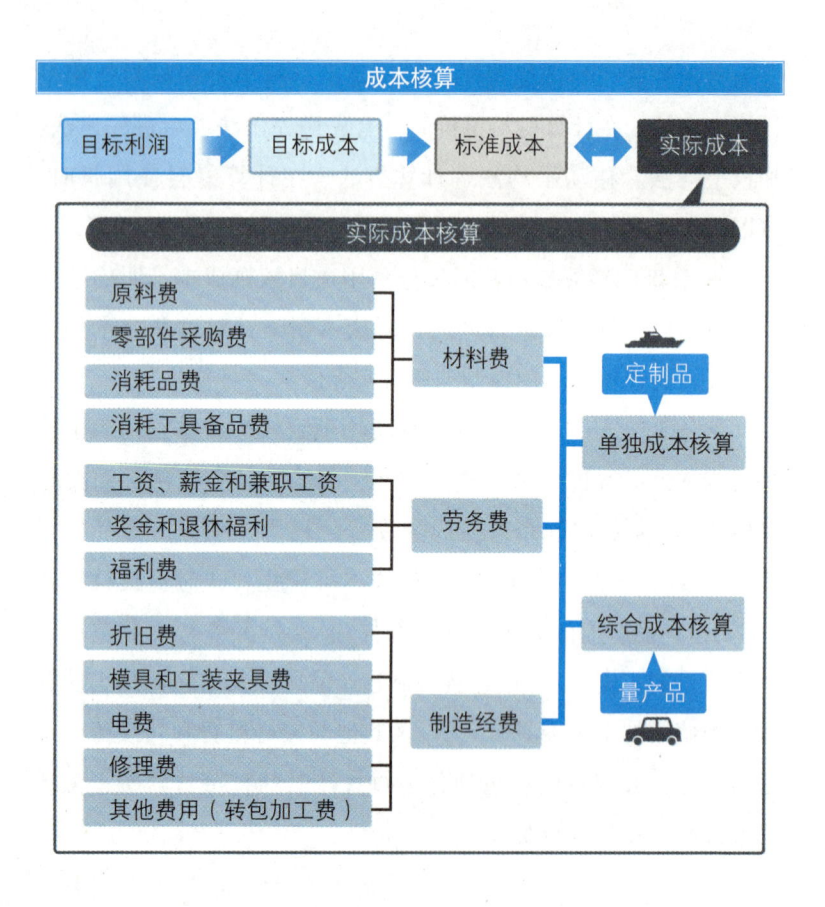

成本核算

目标利润 → 目标成本 → 标准成本 ↔ 实际成本

实际成本核算

- 原料费
- 零部件采购费
- 消耗品费
- 消耗工具备品费

→ 材料费

- 工资、薪金和兼职工资
- 奖金和退休福利
- 福利费

→ 劳务费

- 折旧费
- 模具和工装夹具费
- 电费
- 修理费
- 其他费用（转包加工费）

→ 制造经费

材料费、劳务费 → 单独成本核算（定制品）

劳务费、制造经费 → 综合成本核算（量产品）

4-12
使成本改善的重点可视化

了解当前情况并加以改善。

▶▶ 用逻辑树开展可视化

使用**逻辑树**来防止**遗漏和重复**。逻辑树有以下三种类型。

- What 逻辑树：用来了解现状的构成要素型逻辑树。
- Why 逻辑树：用来调查原因的分解问题型逻辑树。
- How 逻辑树：用来研究对策的解决问题型逻辑树。

例如，在使用"Why 逻辑树"调查利润减少的原因时，可知利润减少的原因有两个方面：成本增加和销售额减少。此外，成本增加有三个原因：制造成本增加，营业费增加，以及管理费增加。同样，在列举问题时遵守如下 MECE 原则，以便避免遗漏和重复，并使每个层次的**维度**（**维度 = 事件之间的抽象层次**）一致。

- Mutually：**相互地**
- Exclusive：**独立地**
- Collectively：**完全地**
- Exhaustive：**穷尽地**

What逻辑树

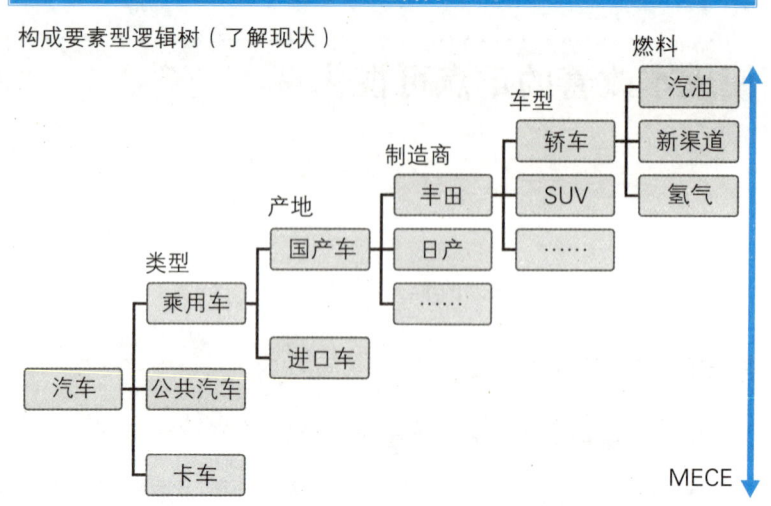

构成要素型逻辑树（了解现状）

```
汽车 ── 乘用车 ── 类型
         ├ 国产车（产地）── 丰田（制造商）── 轿车（车型）── 汽油（燃料）
         │                   ├ 日产         ├ SUV          ├ 新渠道
         │                   └ ……           └ ……           └ 氢气
         └ 进口车
      ── 公共汽车
      ── 卡车
```

MECE

Why逻辑树

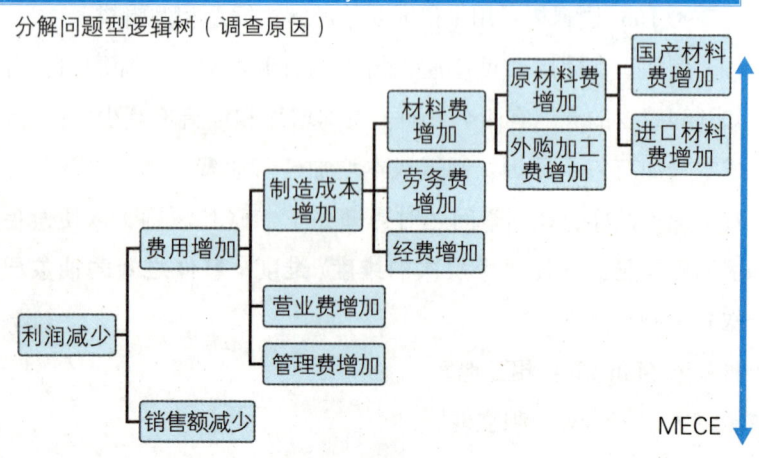

分解问题型逻辑树（调查原因）

```
利润减少 ── 费用增加 ── 制造成本增加 ── 材料费增加 ── 原材料费增加 ── 国产材料费增加
                                                                      └ 进口材料费增加
                                        ├ 外购加工费增加
                        ├ 劳务费增加
                        └ 经费增加
            ├ 营业费增加
            └ 管理费增加
         ── 销售额减少
```

MECE

How逻辑树

解决问题型逻辑树（研究对策）

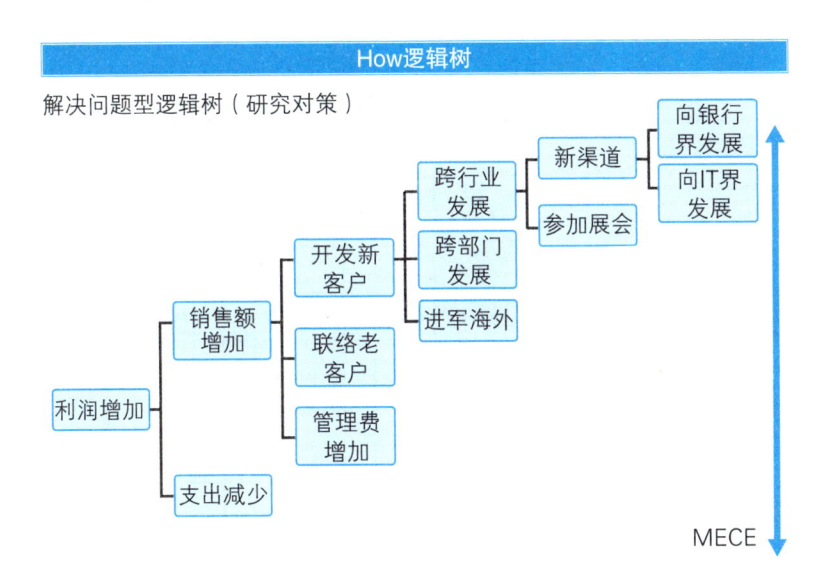

```
利润增加 ─┬─ 销售额增加 ─┬─ 开发新客户 ─┬─ 跨行业发展 ─┬─ 新渠道 ─┬─ 向银行界发展
         │             │             │             │         └─ 向IT界发展
         │             │             │             └─ 参加展会
         │             │             ├─ 跨部门发展
         │             │             └─ 进军海外
         │             ├─ 联络老客户
         │             └─ 管理费增加
         └─ 支出减少
```

MECE

▶▶ 通过原单位表实现可视化

　　这里的**原单位**是指生产一个零件或产品所需的工时数、设备的净工时数等标准量。**原单位表**针对每条生产线、零件、设备等项目，使生产数量、包装外形、设备负荷、所需工时数、负荷率等可视化。它不仅是把握成本的工具，还被用来改善设备和工序的生产方式、最大限度地减少波动，改善人员配置，使各个工序的运转更加顺利。

原单位表

工厂名称：_____
生产线名称：_____

创建日期　年　月　日

	月份		
可动天数/月	日		
可动天数/日	分		
橡动时间/月	分		
固定工作时间 内的时间	秒		

在制品的形态		
提货周期（小时）		
交付周期		
操手人数		

瓶颈机器	
机器编号	
MCT	

编号	产品名称	零件编号	收容数	所需数	节拍时间	批量	切换作业工时			净工时	附加工时						......
											更换刀具工时		质量检查工时				
			件	件/班	秒	件	次/班	秒/次	秒/件	秒	件/次	秒/次	秒/件	件/次	秒/次	秒/件	
共计																	
平均值																	

4-13
管理设计交期

生产制造活动中,交付期可分为三种:开发期限、采购/制造期限和交付期限。如果不从上游就开始对交付期进行管理,就会给后工序带来麻烦。

▶▶ 使开发可视化

在开发部门,依赖于一个人管理、工作"属人化"的情况比较多,如 A 产品的开发全部依赖于开发者 A。这往往会导致自成一派、我行我素、孤军奋战。如果是使用 PC 或 CAD 工作,那么谁在做什么、完成进度有多少等隐性信息就是不可见的。因此,应该在开发人员之间,使彼此的项目、负载和进度等工作情况实现可视化。

例如,我们可以将**开发计划**分为长期计划(大日程)、中期计划(中日程)和短期计划(小日程),并通过甘特图等工具实现可视化。在甘特图中,可以用虚线/实线或黑线/红线表示计划/实际进度,以管理延迟和过快,但由于有时很容易忘记录入实际进度,所以也可以用磁铁**制作卡片**,通过移动卡片来控制进度。

| "属人化"的工作 |

| 工作 | 工作 | 工作 |

依赖于个人管理

| 独自工作 | 独自工作 | 独自工作 |

| 自成一派 | 我行我素 | 孤军奋战 |

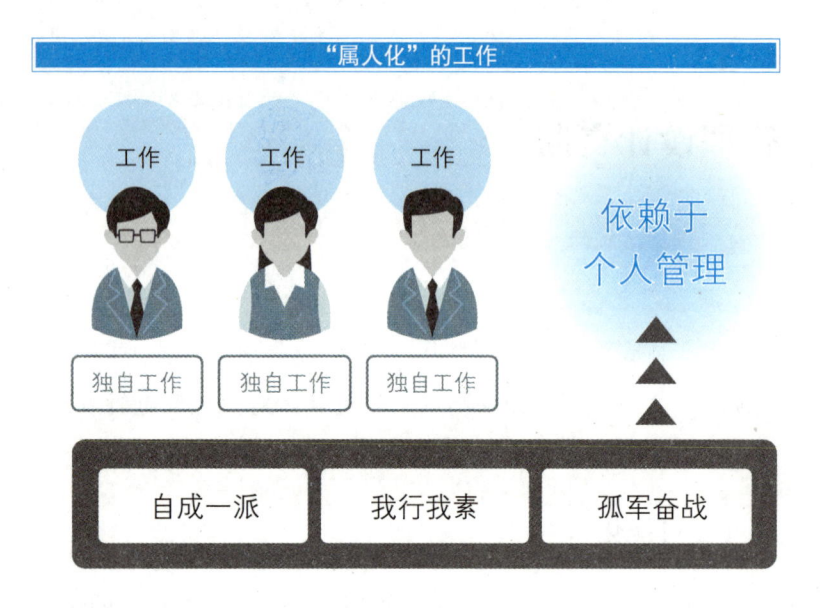

▶▶ 使设计和开发阶段的问题可视化

在解决设计和开发阶段的问题时，各部门之间会产生冲突。例如，设计部门希望做一个流线型的设计，但制造部门会觉得曲线加工难度太大，而采购部门又会觉得这种设计成本过高，每个部门都各执己见。如果各方一直这样争论下去，就永远无法达成共识，不知不觉就到了下装配线（line off）的最后期限。

为此，我们应该使用**设计审查**（**DR**：Design Review）制度，将企划到日常生产的步骤可视化，从而找到问题所在。

设计审查，又称**阶段性输入审查**（**PR**：Phase-Exit Review.），分为如下七个阶段：

① DR1：产品企划审查＝确定可否转入产品设计

② DR2：样件设计审查＝审查设计品质与基本计划的一致性

③ DR3：转入量产审查＝确定可否转入大规模生产

④ DR4：量产设计审查＝审查量产设计图纸的适配性

⑤ DR5：生产准备审查＝确定生产准备计划是否恰当

⑥ DR6：转入生产审查＝确定生产可否转入量产

⑦ DR7：初期流动管理解除审查＝确定可否转入日常生产

设计审查是一种把关的手段，它明确了每个阶段的审查项目，并通过审查委员会争取各部门的同意，决定是否可以进入下一阶段。

并不是说审查项目没有全盘通过（标为○），就不能进入下一阶段。由于生产要求速度，所以即使确认栏标有△号或×号，但如果审查委员会在留言栏中标注同意，项目仍然可以进入下一阶段。

使开发计划可视化

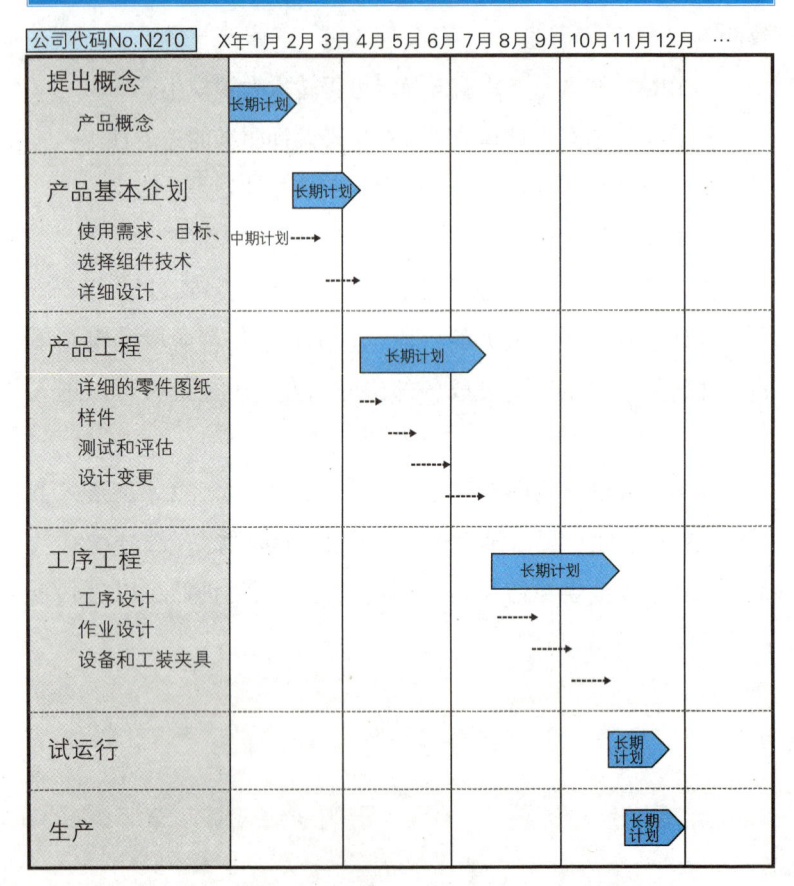

| 公司代码No.N210 | X年1月 2月 3月 4月 5月 6月 7月 8月 9月 10月 11月 12月 … |

提出概念	
产品概念	长期计划

产品基本企划	
使用需求、目标、	长期计划
选择组件技术	中期计划 →
详细设计	

产品工程	
详细的零件图纸	长期计划
样件	
测试和评估	
设计变更	

工序工程	
工序设计	长期计划
作业设计	
设备和工装夹具	

试运行	长期计划

生产	长期计划

第4章 使QCDS可视化

使设计和开发阶段的问题可视化

DR（设计审查）=阶段性输入审查（Phase-Exit Review）

类别号	类别名称	DR的目的
DR1	产品企划审查	确定可否转入产品设计
DR2	样件设计审查	审查设计品质与基本计划的一致性
DR3	转入量产审查	确定可否转入大规模生产
DR4	量产设计审查	审查量产设计图纸的适配性
DR5	生产准备审查	确定生产准备计划是否恰当
DR6	转入生产审查	确定生产可否转入量产
DR7	初期流动管理解除审查	确定可否转入日常生产

⬇

	DR1审查项目	同意	评价
1	客户的要求	○	
2	客户的模型变化的预测	○	
3	竞争企业的开发和产品化情况	○	
4	开发的目的	○	
5	新产品开发的概念	○	
6	新产品开发的卖点	○	
7	产品的构造、特点和机制	○	
8	品质企划目标和设定的理由	○	
9	与竞争对手的产品做比较	○	
10	新技术和设计瓶颈技术项目及应对措施	○	
11	新的生产技术开发项目和应对计划	△	
12	销售价格的设定和理由	×	
13	价格的市场竞争力	△	
14	开发的长期计划	×	

4-14
管理生产交期

人们常说,"8分准备,2分行动"。前期的准备工作,对于生产交期的保证是至关重要的。

▶▶ 使生产准备可视化

在推出新产品时,其流程如下:设计/开发→试生产→**生产准备**→生产启动→大规模生产。其中,由于前工序(设计/开发、试生产)经常发生延迟,所以我们应该使生产准备工作可视化,从而保证量产能够顺利进行。

因此,我们应该通过**生产准备计划表**,使设备维护保养、夹具设计、夹具制造、模具准备、生产零件清单制作、工序顺序表制作、作业标准书制作、标准时间设定、标准交货期设定、产品成本企划、产品成本控制等生产准备项目可视化,以避免在大规模生产开始后出现延误。

例如,我们可以使用甘特图,将纵轴设为生产准备项目,将横轴设为时间,对预期与实际情况实施管理。

第4章 使QCDS可视化

使生产准备可视化

顾客		生产准备计划表		发布编号____		创建		年 月 日		
月生产量	产品名称		产品编号		量产生产时期	制造各课	批准	创建	生产技术	批准 创建

编号	项目		负责部门	是否需要	月	月	月	月	月	月	月	月	备注
1	订单	试生产	营业										
		量产	营业										
2	生产	试生产	生产管理										
		量产	生产管理										
3	量产设计出图		技术										
4	确定内制或外包		生产管理										
5	工序设计		生产技术										
6	制作QC工序表		生产技术										
7	编制作业指导和生产条件表等标准文件		生产技术 制造各课										
8	编制作业环境管理表		生产技术										
9	设立检查标准		质量保证										
10	准备标准样品和照片		质量保证										
11	培训特殊工序作业员		制造各课										
12	制作焊接条件表		生产技术										
13	生产设备	商议	生产技术										
		调度	物料										
14	模具、工装夹具	设计	生产技术										
		调度	物料										
15	测量和检测量具	商议	生产技术										
		调度	物料										
16	编制每日检查表		制造各课										
17	人员规划、调入		管理										
18	作业员的教育和培训		生产技术										
19	编制包装外形申请表		生产技术										
20	量产试生产评估		生产技术										
21	初品评估		生产技术										
22													
23													
24													
25	创建客户提交记录		质量保证	□初品数据		□检查标准表		□QC工序表			□包装外形申请表		
26	工序概要												

▶▶ 准备工作

一般产品的生产准备（前期准备）过程（从作业指示到开始生产）应该实现可视化，让人一目了然。

① 程序手册等文件的准备

文件应该设计成子母层级，如"含有作业指导信息的文件"→"含有作业程序、方法和标准的文件"→"更详细地解释作业方法的文件，如作业要领书"，零件编号和文件编号的联系必须清晰明了。此外，由于设计变更、工序变更、投诉等导致的变更和临时措施，应以变更通知书、交接通知等形式传达下去，因此应使包括这些措施在内的最新信息可视化。

② 原材料和零部件的准备

原材料和零部件应存放在适当的地方，并贴上标签，让人一目了然。零件号中哪怕有一个字错了，就会错拿成完全不同的东西，所以还要通过颜色和图片来避免混淆。另外，在设计发生变更的情况下，一些零件编号可能会发生变化，设计变更前的旧产品也可能仍然会被使用，所以应在变更通知书中注明。

③ 设备、模具和工装夹具的准备

设备、工具等在使用前，有时需要设定参考值和使用条件，所以应按照相关说明和指南完成设置。对于设定器等设定装置，应该使用基准器对其进行调整（**校准**），以确保其显示正确的数值。

像这样，使准备的完成情况可视化，每个人就都能够了解，生产是否已经处于可以开始的状态。

第4章 使QCDS可视化

8分准备，2分行动

作业指示

↓

准备程序手册等文件

↓

准备原材料和零部件

↓

准备设备、模具和工装夹具

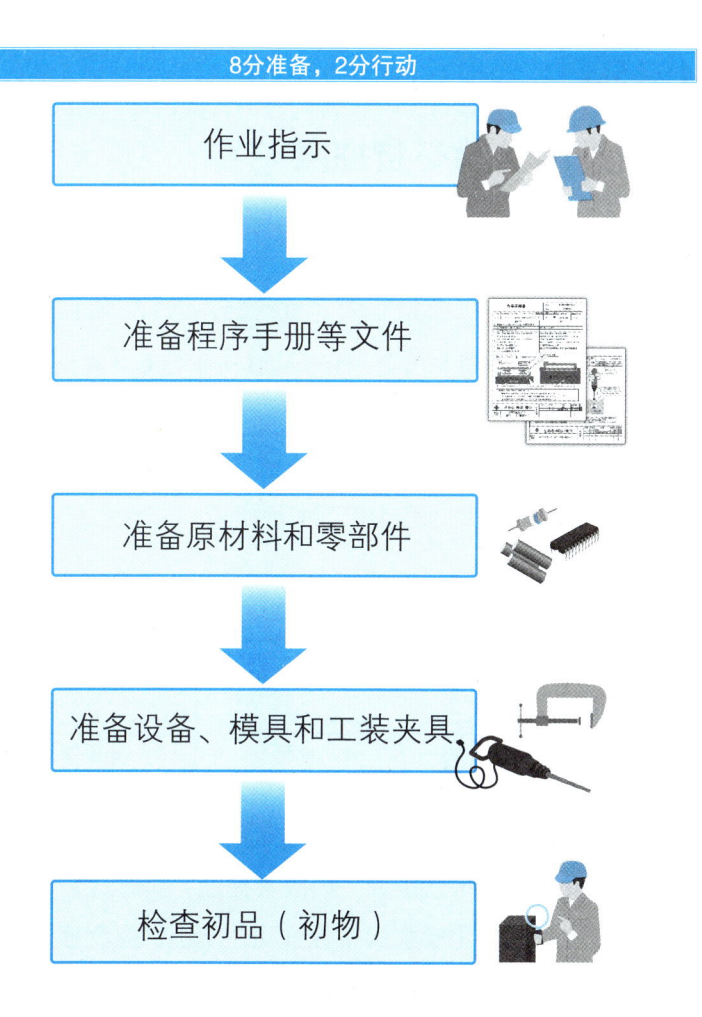

↓

检查初品（初物）

4-15
管理进出货的交货期限

交付期限有进货和出货之分，应该分别使其可视化。

▶▶ 进货的可视化

采购（调拨）可以分为以下四种模式：

From	To	模式
①公司内部	公司内部	提货
②公司外部	公司内部	交付
③公司内部	公司外部	发送
④公司外部	公司外部	直接发送

通过使这些**供应商信息**(如供应商、采购交货期、交货周期等）可视化，我们可以采取一些改善措施，如通过共享追求规模经济、通过通用化实现规格标准化、缩小供应商范围、通过比较多家供应商报价来分散风险、通过频繁和多次交货来缩短交付周期、实现自动订购、简化凭证等，争取做到减少库存和防止短缺。

供应商信息的可视化

	供应商	采购交货期	交付周期（时间）
材料A	M公司	1天	1-1-1 10:00
材料B	N公司	0.5天	1-2-1 9:00 15:00
材料C	D公司	7天	7-1-1 每周一 9:00

> 交付周期
> 1（A）-1（B）-1（C）
> ※A=天，B=车次，C=车次延时
> 表示每天有一班车次，订购的材料晚来一个车次（明天的车次）。

▶▶ 出货的可视化

我们可以通过**出货管理板**，使出货物流可视化。为了出货而过早地备货，会导致生产过剩或装运空间紧张，所以我们应该注意要适时安排备货。

出货管理板（备货、装箱出货表）的制作方式如下：

① 为每个客户/货车创建一个车次。

② 让车次可视化。

③ 列出每个车次需要提取的货品。

④ 为每个车次安排一个集货点。

⑤ 根据每个车次的货品清单备齐货物，并画掉揽收完毕的产品。

⑥ 当货物备齐后，用卡片表示完成的情况，使其可视化。

出货的可视化

出货管理板

备货开始	备货结束	装箱时间	出发时间	车次号	物流公司	完毕核查
8:00	8:30	9:00	9:30	车次1	○○物流	完毕
10:00	10:30	11:00	11:30	车次2	△△物流	
13:00	13:30	14:00	14:30	车次3	○○物流	
15:00	15:30	16:00	16:30	车次4	△△物流	

备货结束
发送完毕

<例子>
10:20时的发货区

车次2

车次1 完毕

4-16
使事故预防可视化

建立职业安全健康体系的目的,是保障劳工健康,使他们能够在没有危险的环境下安全工作。具体来说,它包括事故预防和健康保障两方面。

▶▶ 事故预防

事故预防是指预防工伤事故,使劳动者能够安心地工作,所以以此为目的的举措被称为建立**职业安全体系**。工伤事故是设备机器和作业环境处于**危险状态**,加之作业员的**危险行为**造成安全管理的缺陷而引发的。

▶▶ 海因里希法则

"**海因里希法则**"是美国著名安全工程师海因里希提出的**1∶29∶300 法则**。这个法则的意思是说,当一个企业累积了300 个**隐患**(没有导致事故的产生,但让人后怕、冷汗直流的险情),必然要发生 29 起轻伤事故或故障,而在这 29 起轻伤事故或故障当中,必然包含一起重伤、死亡或重大事故。隐患预兆着事故和伤害的发生。为了防止重大事故发生,应该提前采取措施消灭隐患。为此,我们应该使用**潜在隐患卡**来实现可视化,确定隐患的发生地点和发生率（事故发生的数量），然后通过安全巡逻消除风险。

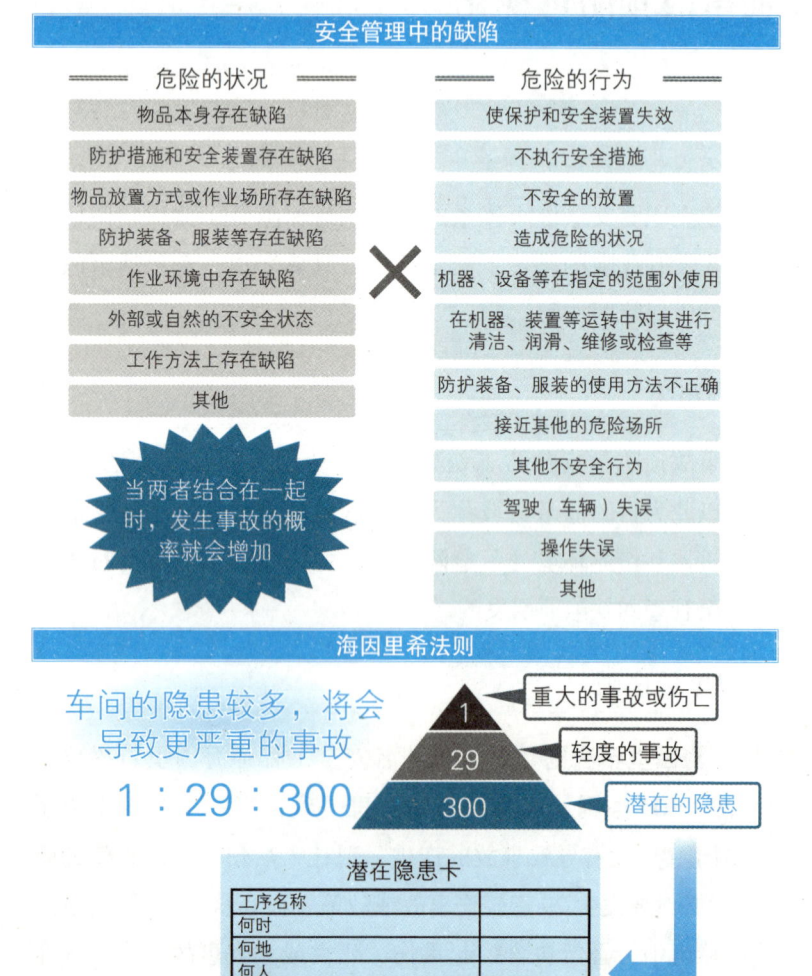

安全管理中的缺陷

危险的状况
- 物品本身存在缺陷
- 防护措施和安全装置存在缺陷
- 物品放置方式或作业场所存在缺陷
- 防护装备、服装等存在缺陷
- 作业环境中存在缺陷
- 外部或自然的不安全状态
- 工作方法上存在缺陷
- 其他

×

危险的行为
- 使保护和安全装置失效
- 不执行安全措施
- 不安全的放置
- 造成危险的状况
- 机器、设备等在指定的范围外使用
- 在机器、装置等运转中对其进行清洁、润滑、维修或检查等
- 防护装备、服装的使用方法不正确
- 接近其他的危险场所
- 其他不安全行为
- 驾驶（车辆）失误
- 操作失误
- 其他

当两者结合在一起时，发生事故的概率就会增加

海因里希法则

车间的隐患较多，将会导致更严重的事故

1 : 29 : 300

- 1 — 重大的事故或伤亡
- 29 — 轻度的事故
- 300 — 潜在的隐患

潜在隐患卡

工序名称	
何时	
何地	
何人	
打算怎么做	
发生了什么	
为什么会发生这种情况（原因）	
所以这样处理（对策）	

危险预知训练（KYT）

危险预知训练（**KYT**）是一种通过提前预测车间潜在的危险因素来避免危险的训练活动。

① 分析现状：潜在着什么样的危险？

② 寻求本质：这就是危险所在。

③ 提出对策：你会怎么做？

④ 设定目标：我们会这样做。

可以将商定的结果张贴在工厂内或在晨会上公布，进行信息共享，使其成为员工之间的共识，以提前回避危险。

危险预知训练（KYT）

① 选择目标

② 假设情况

③ 潜在着什么样的危险？

④ 你会采取什么措施？

▶▶ 绿十字图

我们可以用**绿十字图**来反映事故发生的情况，将其可视化。在"绿十字图※"中，一个月中的每一天都要逐一记录事故发生的情况，如果没有事故，则贴上绿卡；如果发生休业事故※，则贴上红卡；如果发生不休业事故※，则贴上黄卡，以此类推。

※译者注：休业事故是指在工作时间受伤，需要请假休息治疗的工伤事故。不休业事故是指在工作时间受伤，不需要请假休息治疗的工伤事故（如擦破皮时涂点红药水即可等类似的工伤）。

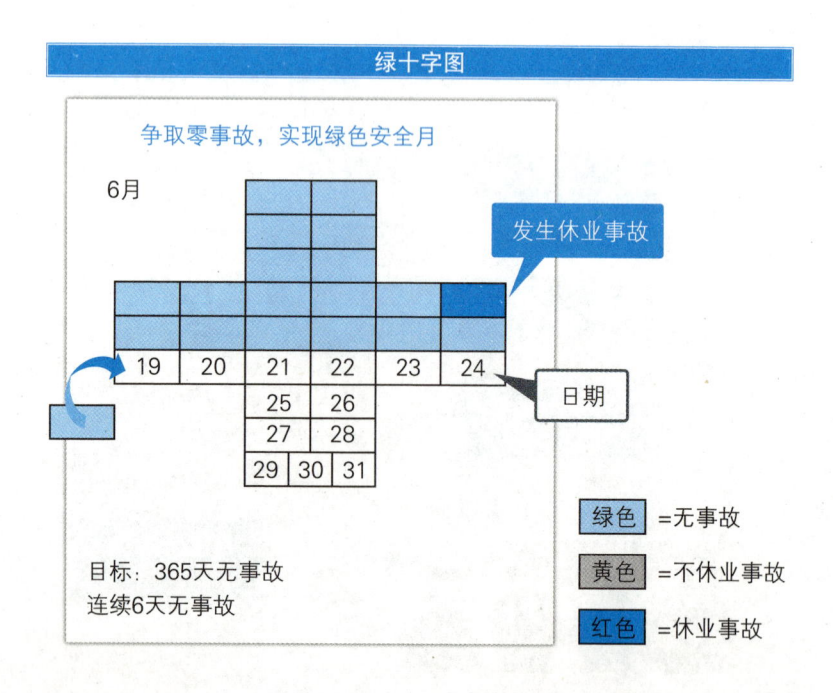

绿十字图

争取零事故，实现绿色安全月

6月

		19	20	21	22	23	24
				25	26		
				27	28		
				29	30	31	

发生休业事故

日期

目标：365天无事故
连续6天无事故

绿色 = 无事故
黄色 = 不休业事故
红色 = 休业事故

4-17
安全第一

使安全守则可视化,并确保作业员遵守这些规则。

▶▶ 确保过道安全

确保工厂和院内具备安全**通道**,并消除临时和暂时存放的现象。过道上应该画出醒目的**区划线**和人行横道线,来规范人们在限制速度内移动。

▶▶ 准备合适的服装和防护装备

制定生产车间作业员着装规范守则,并将其可视化,来约束作业员在**服装**和**防护装备**的穿着和佩戴上,遵守最起码的规定,比如穿戴头盔、帽子、手套、防护镜、耳塞和安全鞋等。

▶▶ 制定物品使用守则

为工具、加工机器、重物、电气设备、化学物质、高温物质等**物品的使用(处理)**方法制定守则,并将其可视化。

物品的使用守则	
工具	▶ 整理整顿，以正确的姿势和方向摆放，用后整理。
加工机器	▶ 设置紧急停止按钮，启动时发出信号，停电时关掉开关，不可使用劳动手套操作旋转物体。
重物	▶ 一次最多搬运55千克，一般情况是体重的40%，女性是男性的60%。
电气设备	▶ 安全限制：干手30V，湿手20V，池水中10V，50mA可能导致电击死亡。
化学物质	▶ 检查操作条件，避免直接接触。
高温物质	▶ 44℃下接触6~10小时会导致低温烫伤，80~100℃下接触会导致烧伤。

▶▶ 准备安全设备

安排好安全设备的放置区，并让所有人都能看到，以便在发生事故时能够立即投入使用。应该备齐担架、救援包、急救箱、AED（自动体外除颤器）、毛毯、灭火器、疏散梯、火警警报器、收音机、手电筒、应急口粮、应急水、帐篷等应急物品，如果有保质期，也应该使其可视化。

▶▶ 发生重大事故时的应对措施

将**异常情况处理流程**和**报告路径**可视化，以便在发生紧急情况时能迅速采取适当的行动。

▶▶ 配备一个紧急联络网

我们应该提前整理好所有员工的电话号码和电子邮件地址，建立一个**联络网**，用来在地震等灾害发生时进行安全确认和紧急联系。

▶▶ 制作避难地图（受灾预测图）

预测工厂附近或通勤路线上发生自然灾害时会造成的损害，并将受灾范围绘制成地图。此外，还应该在地图上标明**疏散路线**和**避难场所**。

4-18
使机械的安全性可视化

力求使机械的安全性可视化。

▶▶ **机械的安全性**

在 ISO12100 中,对于机械安全性的要求是:采用"**本质的安全设计策略**""**安全保护策略**"以及"**附加使用信息**"三种方法,将工伤和健康损害的风险尽可能降到最低。

① 本质的安全设计策略

- 避开危险源:消除引发事故的因素,比如消除突起的部分(如果有的话),去毛刺,防止人们误入危险区域,等等。

- 通过降低进入危险区域的必要性,来减少人们接触危险源的机会:提高机器和设备的可靠性,减少校正的需要,使进料和卸料自动化,等等,这样就不容易发生工伤事故,除非作业员必须进入危险区域。

② 安全保护策略:通过防护装置(固定/可移动防护装置、可调节防护装置、带联锁的防护装置等)和保护装置[光传感器、压力(安全)垫等]来降低风险。

③ 附加使用信息:对于实施上述①和②措施后仍然存在的

第4章 使QCDS可视化

风险，可以使用说明手册、在机器本身或周围区域张贴触电警告或正确指示，通过警示促使人们正确理解机器的使用方法，从而降低风险。

▶▶ 设备防呆法（fool proof）和防错法（fail safe）

设备中的不安全状态可以通过以下方式来消除：

- **防呆法**：一种不期望用户做到完美，同时确保误操作不会导致事故的系统、设计或理念，如**安全联锁、锁定或钥匙管理**等。

- **防错法**：一种牢记机器总是会发生故障，即使发生了故障，功能也总能在安全性上发挥作用的设计理念。例如，可以通过预装易坏的部件，如电气熔断器，使这些部件在施加高负荷时故意断裂来避免对用户造成危险。

▶▶ 使用信息的可视化

- 信号和报警装置：指用于警告危险事件的视觉和听觉信号，如闪烁的灯光和警报器。

- 指示、标志（符号、象形图）和警示文字：将旋转部件的最大速度、工具的最大直径、机器本身和/或可移动部件的质量（以千克为单位）、最大负荷、需要穿戴的防护装备、防护装置调整的数据、检查频率等可视化，以便安全使用。

- 附录文字：将操作说明中给出的信息，如机器的搬运、取放、储存、安装、启动、使用和维护可视化。

不可见的"七宗罪"

传感器检测到零件被遗忘时,用蜂鸣器提醒作业员。

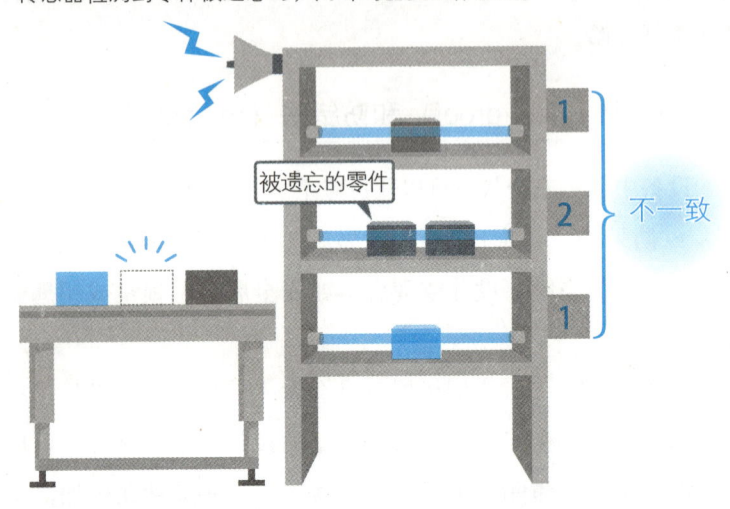

被遗忘的零件

不一致

联锁系统

前工序　　　后工序

开关

跳过工序

不会启动

如果有一道工序被跳过,
则不会启动下一道工序。

第 4 章　使 QCDS 可视化

安全联锁

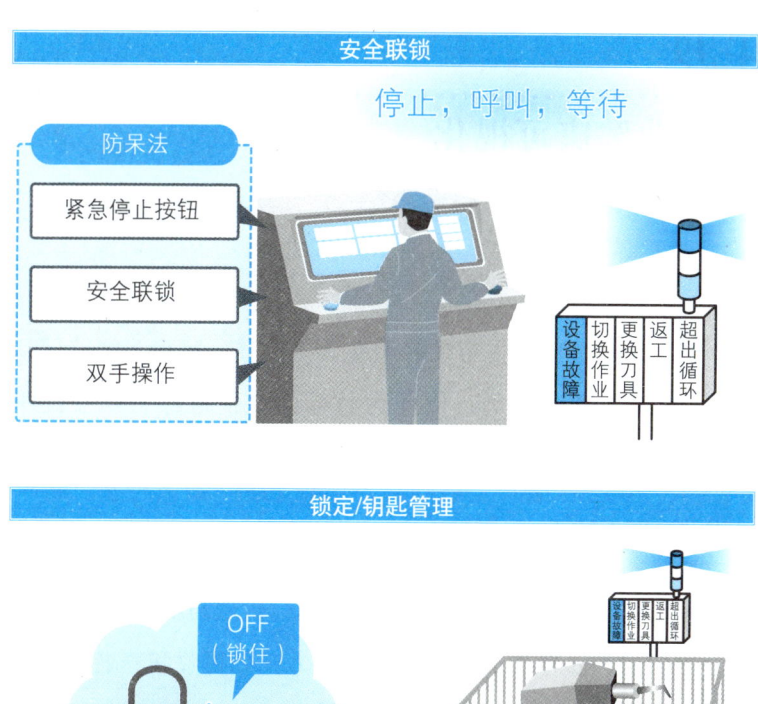

停止，呼叫，等待

防呆法
- 紧急停止按钮
- 安全联锁
- 双手操作

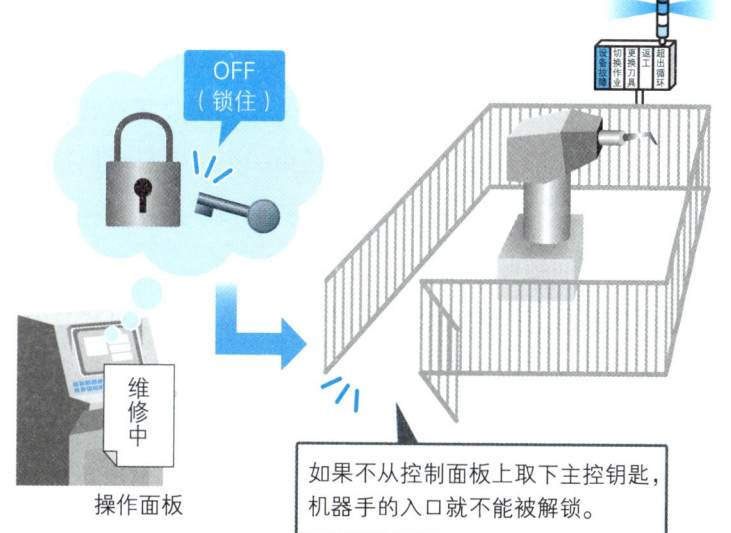

设备故障　切换作业　更换刀具　返工　超出循环

锁定/钥匙管理

OFF
（锁住）

维修中

操作面板

如果不从控制面板上取下主控钥匙，机器手的入口就不能被解锁。

4-19
使职业健康可视化

健康保障是指保护劳动者避免因工受伤、患病,能够保持健康,具备工作的能力。以此为目标的举措被称为职业健康管理。

> **充满压力的社会**

职场的压力(如绩效考评原则和目标管理制度)、家庭的压力(如照顾和养育孩子)和社会的压力(如税收和养老金)导致了过劳死和抑郁症的多发。如果任由一个人独自承担这些内心的烦恼,问题只会越埋越深,得不到解决。因此,有必要使这些心理健康问题可视化。

主管人员可以每天早上组织员工做健身操,还可以在**开工前召开集会**,观察员工的面色和状态,如果发现有人感觉不舒服,就主动找他们谈话,并给他们提供必要的治疗。

还可以让员工用表情符号来报告他们的日常情绪,并通过**微笑日历**分享他们的心理状态。特别是,如果有员工一直在贴哭脸,其他员工就应该与他谈心,并提供建议,以减轻他的烦恼和忧虑。

▶▶ 保持工作与生活的平衡（work-life balance）

在劳动者要求**改革工作方式**的呼声中，**工作与生活的平衡**，已经成为一个越来越重要的问题。这是指每个公民都能在工作中履行自己的责任，并在工作中获得成就感和满足感，同时在人生的各个阶段，如育儿期或中老年时期，在家庭和社区生活中可以有多种选择，能够实现各种生活方式。如果不认真工作，我们的个人生活也不会顺遂，而如果个人生活不充实，我们的工作也不会顺利。

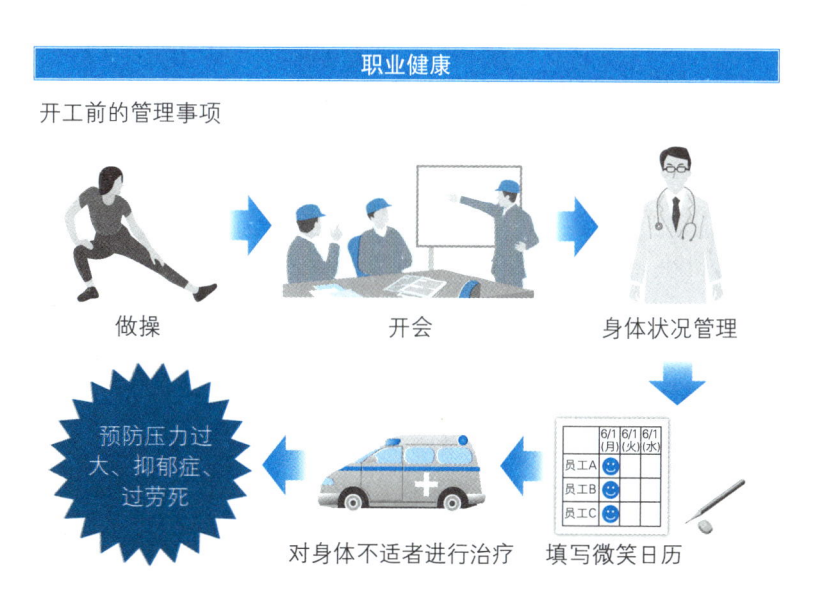

职业健康

开工前的管理事项

做操　　开会　　身体状况管理

预防压力过大、抑郁症、过劳死　　对身体不适者进行治疗　　填写微笑日历

微笑日历

	6/1 (星期一)	6/2 (星期二)	6/3 (星期三)	6/4 (星期四)	6/5 (星期五)	6/6 (星期六)
员工A	😄	😄				
员工B	😖	休				
员工C	😑	😑				

😄 感觉很好　　😩 感觉很累
🙂 和平时一样　　😖 感觉很糟

专栏

供应商的可视化

一家装配制造商可能拥有几十家甚至几百家供应商。如果零件的质量不稳定，组装进程就会受到阻碍。

为此，装配制造商可以在每个月列出交付货品中不良品最多的10家供应商名单，并在商务会议区展示该名单，来作为采购管理的一个手段。这种可视化，能够激励每个供应商提高自己产品的质量，因为没有哪家公司愿意看到每个月自己都排在倒数的位置。

第 5 章

使信息可视化

产品是根据信息创造的。如果这些信息不可见,就无法得知工作计划、优先事项、批量、能力、负荷、变更、运输等情况,QCDS(品质、成本、交期、安全)的情况就会恶化。

因此,在本章中,我们将为您介绍通过使这些信息可视化,来消除七大浪费的方法。

5-1
使当日的工作可视化

要让作业员能够知道自己要生产什么，生产多少，在什么时间内完成。

▶▶ 生产计划

生产计划指的是对生产数量和生产时间做的计划。它决定了在计划期内将生产哪些产品，生产多少数量。根据时间的长短，生产计划可以分为以下几类：

- 年度生产计划（长期计划）
- 月度生产计划（中期计划、月次生产计划、生产安排计划）
- 当日生产计划（短期计划、具体计划）

尤其是当日生产计划中，要注明在哪些车间生产、何时开始、何时完成等信息。如果基层的车间作业员不能把握当天的工作内容，他们就不得不找到主管，请求指示，这可能会造成生产过剩、等待和其他浪费。

▶▶ 生产安排

生产安排指的是把计划传达给目标对象。不管是多么详细

第5章 使信息可视化

的生产计划，比如生产指令、采购安排和分包安排，等等，如果传达了错误的信息，也会造成浪费。如果生产计划只保存在电脑中，那么传达的过程中就难免会出错。

因此，主管应该将今天的计划产量，与人员和设备的生产能力进行对比，同时使用告示板、白板、卡片、看板和生产管理板等，将保存在电脑中的工作信息向作业员直观地展示。这样他们就能知道应该**生产什么，生产多少，何时完成**，以及在该轮生产结束后，下一步该生产什么。

另外，"看板"指的是使用**生产指示管理板（作业指示板）**等下达指令。

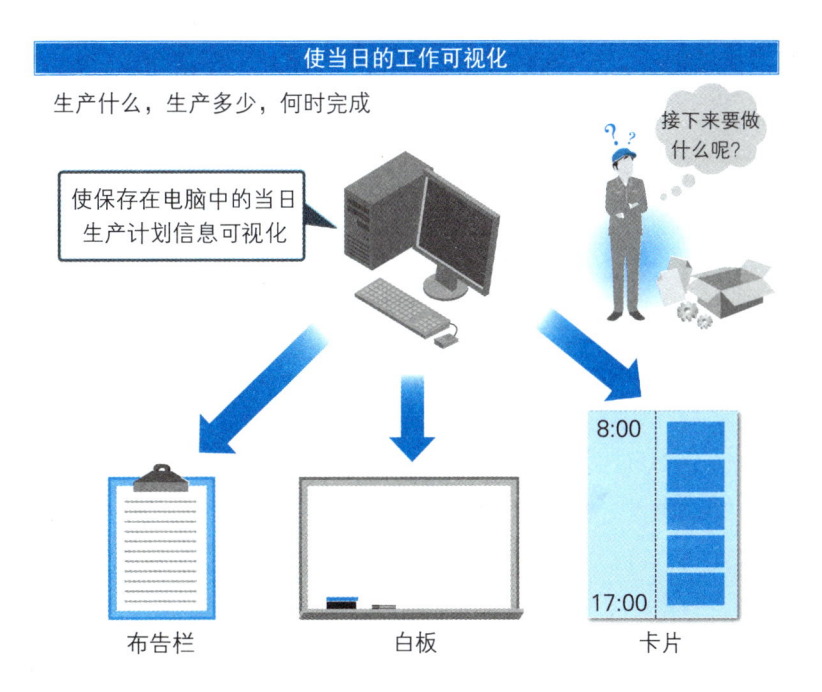

使当日的工作可视化

生产什么，生产多少，何时完成

使保存在电脑中的当日生产计划信息可视化

接下来要做什么呢？

布告栏　　白板　　卡片（8:00 — 17:00）

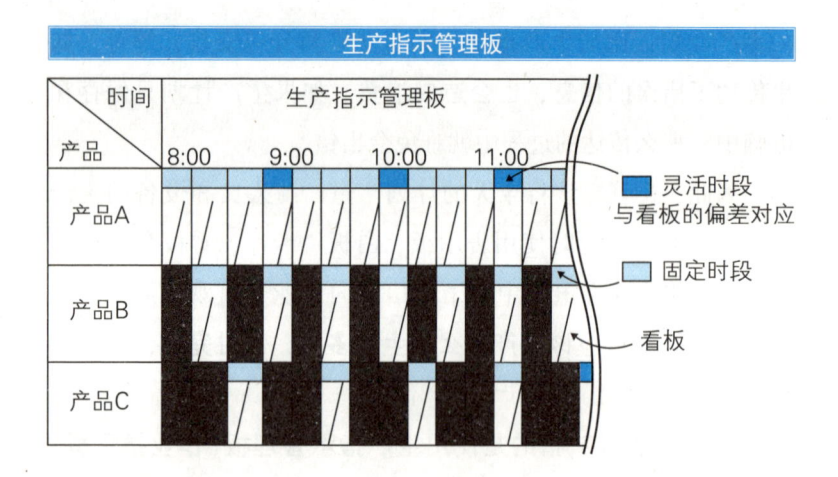

生产指示管理板				
时间\产品	8:00	9:00	10:00	11:00
产品A				
产品B				
产品C				

- ■ 灵活时段 与看板的偏差对应
- □ 固定时段
- 看板

5-2
使进度和产量可视化

我们要能够掌握计划进度和实际产量。

▶▶ 生产控制

生产控制是指对生产计划中的内容进行把控,以确保生产按计划进行,包括进度控制、余力控制(工时管理)、现品控制(在制品管理)和投入产出控制。其中,进度控制是指根据生产计划监测工作的进度,控制过快或过慢的情况。需要掌握的数据有:

- 绝对进度:实际产量
- 相对进度:生产计划与实际产量的差距

生产按照生产计划进行后,让实际进度可视化,就可以知道生产是否符合了预期。

▶▶ 生产进度安灯

生产进度安灯是用从天花板上悬挂下来等方法,将安灯安装在工厂明显位置。用光电在安灯的上部显示生产计划,在下部显示实际产量,可以将过快或过慢的情况可视化。作业员可以通过它看到自己的工作节奏是慢了还是快了，主管人员也能通过它判断作业员是否需要支援。

▶▶ 生产管理板

生产管理板一般都放置在车间里，纵轴为时间轴，横轴为计划产量、实际产量、停工时间和异常情况等内容。其目的如下：

- 及早发现异常，以便尽快处理和改善。
- 按小时监测生产进度。
- 使作业员有目标感。
- 让作业员意识到需要在节拍时间内完成生产。

时间轴根据产品的完成时间而有所不同，例如，作业员以小时为单位指标，在横轴每小时对应的管理项目空白处填写实际产量。这样一来，计划产量和实际产量之间的差异，以及每小时产量的偏差，都可以被监测到。主管可以据此逐次到车间巡视，检查过快过慢等异常的情况，以及可动率下降的原因，以确定需要改善的地方。另外，该系统还可以将援助和支持的需求可视化。

生产管理板

生产管理板
产品名称：（　　　）加工机器型号：（　　　）

	产量			质量检查	停工浪费	计划中的停工	生产浪费	安全问题	号口不良※	分工检查	加工不良的具体内容和数量
	时间段	计划	实际	日常点检	换模		工序、现象、停工时间、处理				
1	8:00–9:00										
2	9:00–10:00										
3	10:00–11:00										
4	11:00–12:00										
5	12:00–13:00										
6	13:00–14:00										
7	14:00–15:00										
8	15:00–16:00										
9	16:00–17:00										
10	17:00–18:00										
11	18:00–19:00										
12	19:00–20:00										
13	20:00–21:00										
14	21:00–22:00										
15	22:00–23:00										
16	23:00–24:00										
17	0:00–1:00										
18	1:00–2:00										
19	2:00–3:00										
20	3:00–4:00										
21	4:00–5:00										
22	5:00–6:00										
23	6:00–7:00										
24	7:00–8:00										

※译者注：号口指结束试生产，正式进入生产线。

当日的实际产量		日常点检		定期清洁		给其他班次的留言	
机器型号				收集遗落的物品			
产量				生产线中的2S			
不良品总数				清扫地板			
最终检查不良品数				上油			
良品数							
负荷时间							
工作时间							
每小时产量							

5-3
使图纸和说明书等纸质信息可视化

应通过办公室的 5S 管理，使文件等纸质信息可视化。

▶▶ **制定文件处理的流程**

根据**使用频率**，将经常使用的文件放在近处，不经常使用的文件移到远处。

- 暂存：将日常使用的文件定义为"暂存文件"，并将其放置在一个方便拿取的位置。例如，将当月的文件放在办公桌的抽屉里一个月。

- 转移：将已经超过暂存期限的文件转移走。例如，将放在办公桌的抽屉里超过一个月的文件，转移到自己桌子旁边的三层文件柜里，存放一定的时间。

- 替换：将存放了一段时间的文件换到离自己较远的地方。例如，把桌子旁三层文件柜里的文件用纸箱子装起来拿到远处，然后把新文件放到柜子里。

- 保管：将办公室里已经超过暂存期限的文件当成"保管文件"储存起来。例如，将换到纸箱里的文件拿到仓库保存至法定保管期限。

- 废弃：将已经超过保管期限的文件废弃。例如，将每箱已经超过保管期限的文件，以熔化、焚烧或切割的方式进行处理。

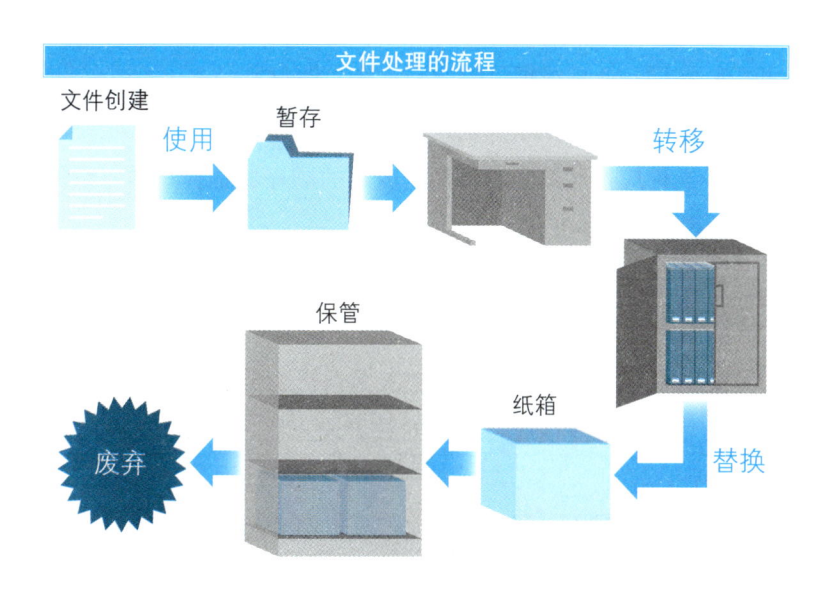

文件处理的流程

文件创建 → 使用 → 暂存 → 转移 → 替换 → 纸箱 → 保管 → 废弃

▶▶ 在通知或公告上标明有效日期

所有在工厂张贴的文件和海报上，都应该清楚地标明**有效日期**，超过有效日期的文件应该及时废弃。另外，还应该及时更新和废弃变化图等日常管理文件。如果打着"可视化"的旗号，一直不去处理那些旧文件和海报，反而会起到反作用。应该让它们始终**保持最新状态**。

▶▶ 通过归档实现可视化

通过**归档**使文件可视化，节省了寻找的时间。

归档的基本思路如下：

- 按同一业务或项目的类别，将文件归类。
- 档案的存放方式，应方便人们查找、添加和归还。
- 文件应按照编号、日期、流程的顺序归档，这样每组的收纳方式就有了连续性。
- 如果文件不能全部放在一个档案中，可以将其分组，然后按组创建档案。
- 使用索引和标题，以方便人们查找、添加和归还文件。
- 活页夹的厚度应与文件的数量成正比（不要太少，也不要太多）。
- 按大类、中类、小类和文件夹标题的顺序，将文件归类。
- 文件应该直立摆放，而不是平躺着堆放。

5-4
使电子数据信息可视化

对于电子图纸等电子媒体信息（电子数据），也应该像纸质信息一样执行办公室的5S管理，使其总保持最新的状态。

▶▶ 制定电子数据处理的流程

电子数据应该像纸质文件一样，根据使用频率进行转移。**正在生成**的数据应该保存在桌面，**经常用到**的数据应该保存在自己电脑的文件夹里，**暂存**的数据应该储存到服务器上，需要**保管**的数据应该储存到存储设备上。

数据状态分为以下几种：

- **正在处理**的工作（数据）
- 用于**修订**的原始文件
- 用于**共享**的公开文件

不要通过复制创建多个文件，而是要通过**cut & paste**（**剪切和粘贴**）移动文件。

▶▶ 信息技术制造了黑箱

现在，CAD/CAM 已经成为产品设计的主要工具，有越来越多的产品开发人员已经不会画手绘图纸了。所以，当设计者画出了现实中无法实现的二维或三维图纸，有时直到制造阶段，我们才会发现根本无法生产出相应的产品。

因此，在使用 CAD/CAM 之前，产品设计者需要接受制图方面的培训，在了解了隐藏在电脑背后的"黑箱※"的基础上，再去使用软件。

（※译者注：黑箱，指一个只知道输入与输出关系而不知道内部结构的系统或设备。）

电子数据的可视化

电子数据信息的处理流程和纸质文件是一样的

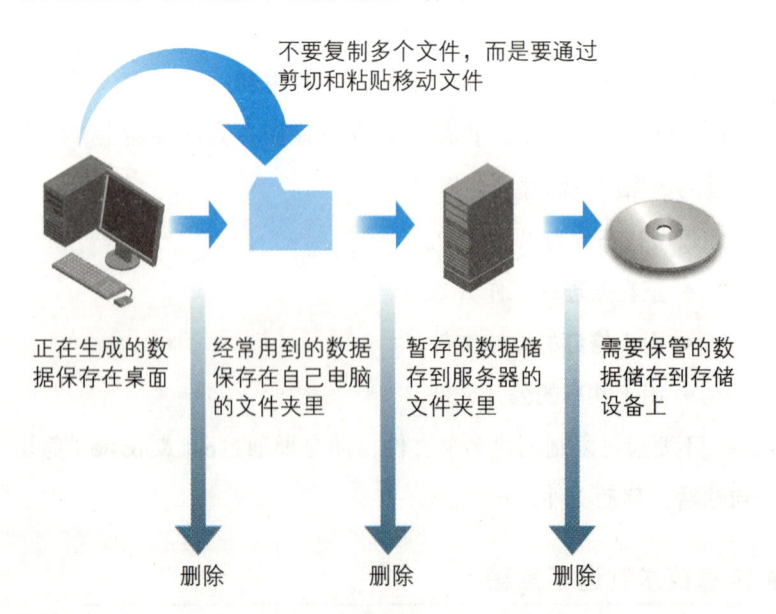

不要复制多个文件，而是要通过剪切和粘贴移动文件

- 正在生成的数据保存在桌面 → 删除
- 经常用到的数据保存在自己电脑的文件夹里 → 删除
- 暂存的数据储存到服务器的文件夹里 → 删除
- 需要保管的数据储存到存储设备上

第 5 章　使信息可视化

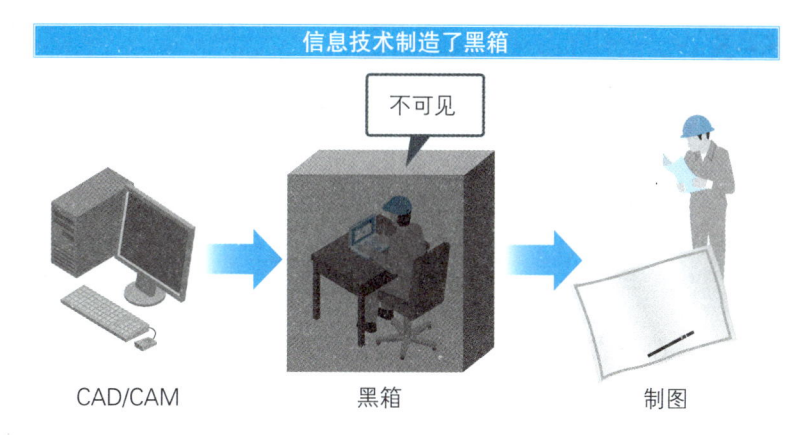

信息技术制造了黑箱

CAD/CAM　　　　黑箱（不可见）　　　　制图

5-5
管理设计信息

对小改动或模型改动的信息进行管理,以防止在信息错误的情况下进行生产。

▶▶ 更新管理

产品是根据信息创造的。这些信息会发生变更、新增,是一直在变化的,所以进行**更新管理**是很有必要的。

更新管理的目标如下:

- 确保信息的有效性:有时,最新的信息不一定是有效的信息(例如,出现了最新的技术信息,但还没有被公司批准)。
- 确保一致性:确保信息与信息,以及信息与对象或任务匹配。
- 防止误认:新旧信息、不匹配和未批准的信息应一目了然,以防止误解和弄错。

▶▶ 识别管理

为了确保信息是最新的和有效的,应该采用**识别管理**。

- 使用记号管理:在零件编号后面加上字母或数字,例如,在零件编号后面加上"A"作为修订记号。使用连续的记号,能够使我们区分出新旧,例如"后面带字母 B 的零件,比带字母 A 的零件新"。

- 使用日期管理:在文件后面加上八位数或六位数的日期,例如在文件名后面加上"20200820"。通过日期的连续性,可以简单明了地看到哪个文件是最新的。

- 使用名称管理:加上一个名称来描述产品,如"××版"。名称应该使内容一目了然。

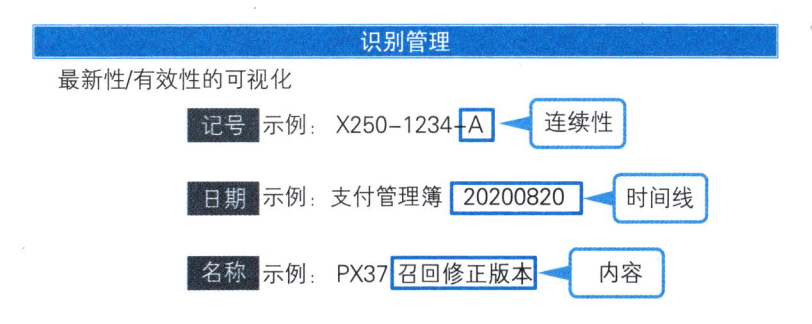

识别管理

最新性/有效性的可视化

记号 示例:X250-1234-A ← 连续性

日期 示例:支付管理簿 20200820 ← 时间线

名称 示例:PX37 召回修正版本 ← 内容

▶▶ 结构管理

为了确保信息的一致性,应该采用**结构管理**。结构管理是使用**结构表**,来明确文件之间在信息变更和修正方面的层级关系,以便较高层级文件的变更能够反映在较低层级的文件中。

结构表

信息一致性的可视化

制造、开发、加工、交付和物流系统结构表（以装配制造业为例）

物料结构表 发货结构表		文件结构表				
上层 ↔ 下层		上层 ←——————————————————————→ 下层				
		图纸	检查标准书	工序设计书	作业程序书	捆包说明书
成品、最终交付和发货		组装完成图	出厂检查标准书	装配工序设计书	装配作业程序书	出厂捆包说明书
子组件、半成品和模块		S/A图纸	工序内检查标准书	S/A工序设计书	S/A作业程序书	S/A周转箱标准书
	零件：内部加工的零件	零件图纸	工序内检查标准书	加工工序设计书	零件加工作业程序书	零件周转箱标准书
	零件：外包加工的零件	零件图纸	进厂检查标准书	加工工序设计书(外包)	零件加工作业程序书(外包)	出厂捆包说明书(外包)
	零件：外购的标准件	标准件规格书	进厂检查标准书	—	—	出厂捆包规格书

上级文件变更 → 反映在下级文件的变更商议

5-6
生产信息的可视化

制作标准文件,使信息可视化。

▶▶ 现品票(产品标签)

现品票是贴在每个交付包装上的标签,其中包括品种、货号、数量、交付日期、交付对象、生产编号等项目。应该在装有产品(货品)的收容箱上贴上现品票,并确保产品和信息一致(物卡一致)。

▶▶ 看板

看板是一种结合了生产/交货说明书和产品标签功能的表单,也是一种为生产和搬运提供指示的工具。它显示生产或领取的信息,为需要生产或搬运的产品、时间、地点、数量以及顺序提供指令。

① 生产指令(机制)看板:在工序内指导生产的看板,包括**工序内看板**和**信号看板**。

• 工序内看板:用于在工序内下达指令,按照工序中被领取的顺序和数量来进行补充生产。

- 信号看板：用于给批量生产工序下达指令。当该批产品的数量减少到一定程度时，就摘下看板，发出批量生产的指令。或通过对比库存用完的时间和生产完成后的交付时间，下达指令。由于看板的形状是三角形的，所以信号看板也被称为"三角看板"。

② 领取看板：**领取看板**有三种类型，用于指导搬运的看板、**外购零件领取看板**以及**工序间领取看板**。

- 外购零件领取看板：把外协厂纳入前工序，外协厂交货时所使用的看板。看板摘下时的数量，就是外协厂需要交付的数量。

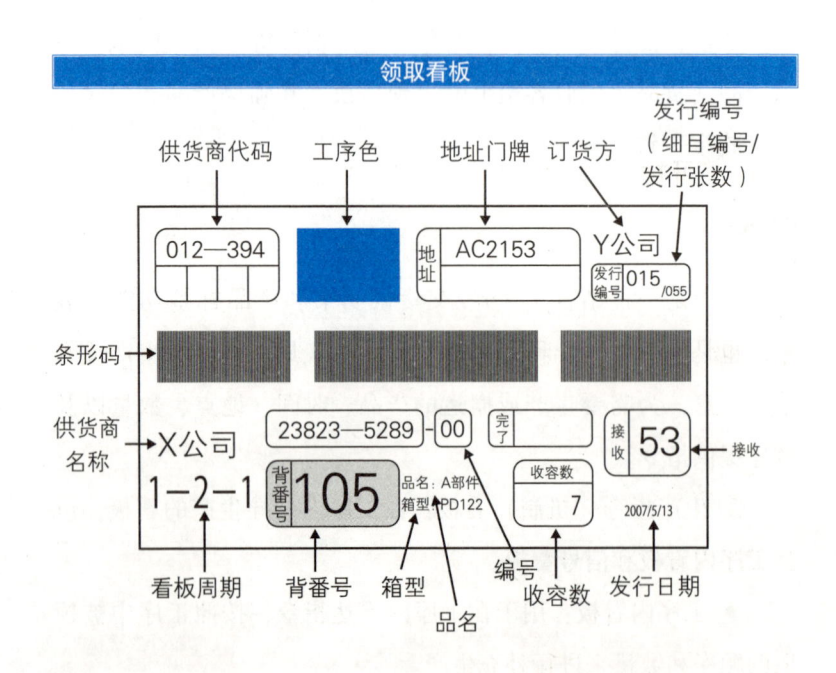

领取看板

供货商代码	012—394
工序色	（蓝色）
地址门牌	地址 AC2153
订货方	Y公司
发行编号（细目编号/发行张数）	发行编号 015/055
条形码	（条形码）
供货商名称	X公司
看板周期	1-2-1
背番号	105
箱型	箱型 PD122
品名	品名：A部件
编号	23823—5289 · 00
收容数	7
接收	53
发行日期	2007/5/13

第5章 使信息可视化

- 工序间领取看板：内部后工序在必要时，从前工序领取必要数量的必要部件时所使用的看板。

③特殊看板："特殊看板"包括**临时看板**、**前期看板**和**预备看板**。特殊看板适用于特殊情况，如工序之间有直接差异，或提前有计划的囤积。看板不重复轮换，而是发出后就收回。

▶▶ 交货单、收据和加工单

交货单是供货人在交货时提供的表单，包括部件编号和数量等项目。**收据**是订货人向供货人提供的收货证明。**加工单**是订货人向加工方提供部件时，附带的表单，包括部件编号等项目，有单页多零件图和单页单零件图两种形式。

专栏　可视化还可以帮助减肥

减肥的方法可谓是多种多样，你不妨也来试一试这种可视化减肥法。例如：

① 每天坚持测量体重，并将数据写在表格里，这样就会让每天体重的变化一目了然。

② 用笔记本或照片记录你的一日三餐，这样你就可以看到每天摄入了多少热量。

③ 带上一个计步器，记录你每天行走的步数，这样就可以看到身体燃烧了多少热量。

这些记录会让你的日常变化一目了然,从而让你开始关注这些变化。这样,你就会开始注重食物的选择和食量的控制,并主动参加一些运动。也就是完成了"看到→开始留心→付出努力→收获成果"的过程。

第 6 章

使日常管理可视化

一般来说,"管理"是指使组织本身持续发展,以快速有效地实现其目标;或为了使生产经营顺利进行,实现公司目标而开展的各项活动。这些活动的开展,需要筹集经营资源,如人力、物品、资金和信息等,并对其进行有效分配和适当组合,而如何对生产活动进行计划、组织、指导、协调和控制,是需要进一步考虑的。为此,我们需要在生产现场开展各种日常管理工作,包括生产管理、采购管理、库存管理、工序管理、质量管理、设备管理、成本管理、安全管理和人事管理等。

因此,在本章中,我们将为您介绍使这些日常管理可视化的方法。

6-1
方针管理和日常管理

根据层级构建管理的风格。

▶▶ **方针管理**

方针管理是指为了突破现状、促进事务或机构的发展而采取的**改善型管理**。其是为了克服问题而**打破现状的管理**方式，并以经营战略或年度经营计划为基础开展。**方针展开**有两种类型：将目标向下级展开的**目标展开**；以及从目标到方策，从方策再到下层方策展开的**方策展开**。由于全公司的目标是通过各部门履行其使命和责任来实现的，所以目标要根据下级部门的使命和责任来分解和展开。方策展开，是将实现目标的手段明确为方策的过程。方策是实现目标的手段，我们应该计划并实施安排、部署、协调、准备、发展和投资方面的改善策略，一边检查效果一边进行修正。其中应该采用 PDCA 循环，即通常所说的"Plan（计划）、Do（执行）、Check（检查）和 Action（处理）"。

▶▶ **日常管理**

日常管理就是为了维持住现状，确保事务或机构的基础稳固而采取的**维持型管理**。其是为了让人们遵守标准,而实施的**维持现状的管理**。标准制定后,要确保这些标准得到遵守,如果发现有未能被遵守的地方,应该采取行动和对策,并重新修订标准。也就是说,日常管理从创建标准、规范和守则开始,然后采用"Standardization(标准化)、Do(执行)、Check(检查)、Action(总结/调整)"的 SDCA 循环。

方针管理与日常管理之间的关系

工场长(车间主任)等高层管理人员,应具有突破现状和改变事物的能力。这意味着对上层应该更加强调改善型管理,也就是方针管理。另一方面,作为基层员工,应该具备遵循既定的标准、规范和守则的能力。这意味着对其应该更加强调维持现状的管理,也就是日常管理。而中层管理人员,应该执行日常管理中的**变化点管理**,也叫**变更管理**。

但是,如果日常管理不到位,上层领导就会一直忙于日常管理和善后的工作,也就顾不上本该执行的改善型管理(方针管理)。因此,先通过日常管理,制定标准、规范和守则,在车间建立秩序是最重要的。

方针管理和日常管理

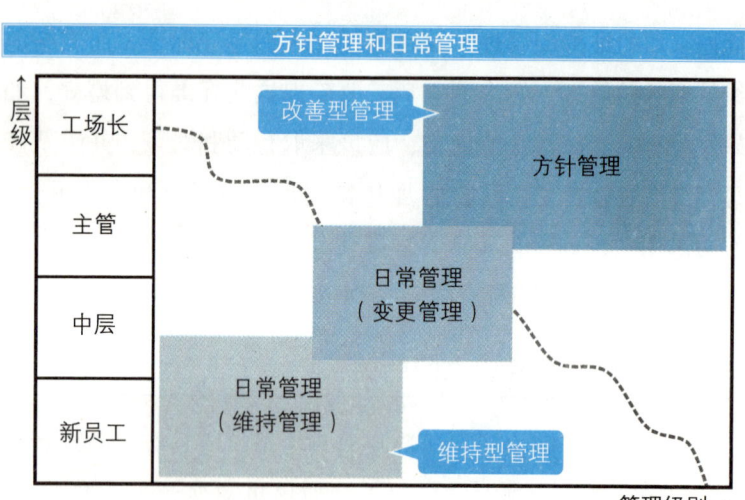

层级		
工场长	改善型管理	方针管理
主管		
中层	日常管理（变更管理）	
新员工	日常管理（维持管理）	维持型管理

管理级别→

6-2
制定标准、规范和守则,并使其可视化

如果制定了守则,却没有直观地展示出来,就没有人会遵守。

▶▶ 制定标准、规范和车间守则

例如,假设有一条笔直、宽阔的道路,限速为60km/h,车流量不大。如果这里没有路标,会怎么样呢?恐怕大多数司机都会开得比限速快。而在道路交通标志上标明速度限制,驾驶者就会注意到这一点,并会因担心受到罚款、扣分或吊销驾照等行政处罚而不敢超速行驶。

在车间也是同样的道理。

- 各个地方是否有类似于"限速×km/h"的车间守则或条例?
- 这些守则是否落实到了书面上?
- 这些书面文字是否已经归档并张贴在车间,让所有人都能看到?
- 作业员是否正确地理解了这些守则?如果有人违反守则,是否会遭到批评?

这样**制定守则**是首要的任务。应该针对车间的各种行为制定守则（如物品的摆放、车间的礼仪等细节，很容易搞混等习惯，以及需要特别注意的事项，等等），以便作业员能够**做好本职工作**。

▶▶ 使守则突显化

如果制定了一套守则，却把它们放在桌子的抽屉里或电脑里，就不会有人会记得它们，自然也就没人会去遵守。制定守则后，应该张贴在醒目的位置，确保作业员时刻注意并遵守它。同时，纸张或看板的大小、形状和颜色，文字的大小、颜色和字体，以及张贴的地点、位置和高度的设置，都要符合能够提醒作业员注意的原则。

例如，将叉车限速 5km/h、进入此区域需要穿戴防护装备、根据噪声管理分类、进入此区域需要戴上耳塞等守则制作成标示，让这些守则突显化。

▶▶ KMK 活动

完成了守则的制定和可视化程序后，下一步就是开展 **KMK 活动**。

- K：制定守则。
- M：维护守则/使作业员遵守守则。
- K：观察作业员是否遵守了守则，如果有不能被遵守的地方，则实行改善措施。

第6章 使日常管理可视化

通过这些活动,让守则在车间牢固树立。另外,如果有不能被遵守的情况,应该对守则本身进行改善和修正。

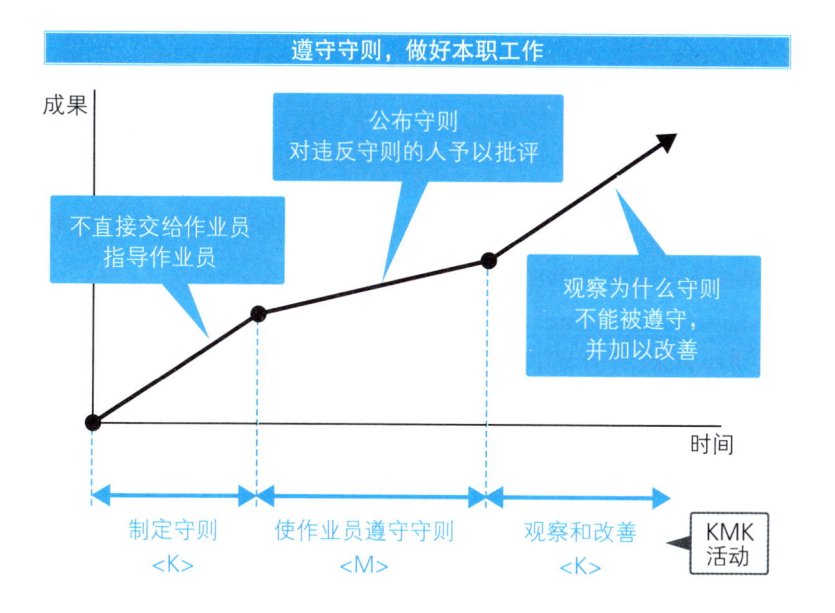

遵守守则,做好本职工作

- 不直接交给作业员 指导作业员
- 公布守则 对违反守则的人予以批评
- 观察为什么守则不能被遵守,并加以改善

制定守则 <K> | 使作业员遵守守则 <M> | 观察和改善 <K>

KMK活动

6-3
调查规则未能被遵守的原因并采取对策

在一个员工多样化的车间，比如使用非正式雇员和外籍劳工的车间，有时会出现规则不能被遵守的现象。

▶▶ **规则不能被遵守的原因和对策**

以下是一些关于规则不能被遵守的原因和对策的例子。

① 作业员不知道或忘记守则：制定了守则后，如果只是将其放在办公桌的抽屉里或电脑里，人们会以此为托词说"我不知道这些守则"，或者"我忘记了"。应该让这些守则**突显化**。

② 作业员不理解守则：每条守则都有其制定的背景和产生的影响。例如，如果你强调"扣好工作服!"，大家却不好好遵守，这时候，仅靠批评是没用的，你应该向作业员解释为什么要这样做，以及如果不这样做会有什么后果，让他们**信服**。关键在于要解释清楚守则的背景和影响，让作业员理解，知道为什么要这么做（know-why）。

③ 主管只说明守则，不耐心教导：如果你只是单方面地向外籍劳工说明守则，然后问"你明白吗"？对方肯定会回答

"Yes"。但如果让他们实际操作,他们还是会犯一些愚蠢的错误。正如**TWI-JI**(工作指导)一样,主管要对作业员进行耐心的教导,直到他们能够自己说出守则的要点,确认他们已经真正明白了,这一点是很重要的。

④ 主管不知道如何批评那些违反守则的人:在老一代的工厂里,有的主管会凶神恶煞地骂人,车间充满了紧张压抑的气氛。但是现在,骂人的主管越来越少了,因为年轻人被骂后马上就会辞职,或者会投诉主管"权力骚扰"。也有许多主管不知道该如何批评员工。应该让主管懂得,在**环境**、**结果**、**行为(行动)**、**能力**、**信念和价值观**等方面,批评的焦点要集中在哪里,而不是直接去责骂**当事人**,对他进行人格的否定,等等。

⑤ 作业员没有意识到违反了守则:例如,车间设置了限高并做出了标示,但有时候人们并没有意识到已经违反了限高。在这种情况下,应该在限高处设置栏杆等障碍物,通过**充分利用道具**来强制人们遵守规定。

⑥ 非要找出"罪魁祸首":生产出现错误后,主管往往会把焦点集中在犯错的作业员身上,或者一直追究"是谁干的",非要找出"罪魁祸首"不可。其实,即使我们带着适度的紧迫感工作,也会有千分之三的概率犯错,还有千分之三的概率看漏,根本没有注意到犯错,二者合起来就是**一百万分之九**,据说这是**人为失误**的**最低极限**。因此,要从**事件**本身而不是人的身上找原因,从而消除错误。

⑦ 作业指示模糊不清，以及缺乏"报、连、相※"：下达指示开始工作后，如果工作指示模糊不清，以及车间里的"报、连、相"不及时，就无法做到确认或询问，工作可能就会偏离规则。促进车间内的**及时沟通**是很重要的。

※译者注："报、连、相"是日企专门用语。表示及时报告、及时联络、及时商量的工作模式。

⑧ 不执行维护型管理的循环：一开始就没有制定守则，或者守则会随着主管的心情朝令夕改，就会对生产非常不利。应该运行**SDCA 循环**，即"标准化、执行、检查、总结（调整）"，维护这个循环并让人遵守，如果有不能被遵守的情况，就对其进行改善。

第6章 使日常管理可视化

批评的方法

理解层次（Neuro-Logical Levels）
由罗伯特·迪尔茨提出

① 环境和结果 …… 因为月末绩效不佳而被批评的程度。

② 行为 ………… 因为访问客户的次数不足，所以业绩没能提升而被批评的程度。

③ 能力 ………… 因为演讲缺乏技巧，讲话让人难以理解而被批评的程度。

④ 信念和价值观 … 缺乏不惜一切代价实现目标的激情而被批评的程度。

⑤ 人 …………… 对人的自身进行批评的程度。
不应该采取否定他人人格，进行人身攻击的批评方式。
不要用"你根本不行"这种抽象的否定方式，而应该针对结果、行为和水平等进行批评。

不要采取否定他人人格，进行人身攻击的批评方式。

不要一直去寻找"罪魁祸首"

人为失误
- 过失犯错
  - **错误（弄错）**
    ……由错觉、误解、自以为是和缺乏经验造成的过错，例如忘记输入信息。
  - **粗心（无心）**
    ……心里明白，但无意中采取了错误行动之类的过错。比如，踩错了刹车。
  - **遗忘（忘记）**
    ……由一时糊涂引起的错误，如发送电子邮件时忘记添加附件。
- 故意犯错
  - **走捷径**
    ……类似于"不走远处的人行横道，直接横穿马路"的行为。
  - **违规（作为）**
    ……类似于"在有限速的情况下，因赶时间而超速行驶"的行为。
  - **偷懒（不作为）**
    ……类似于"医院明明规定要检查全名，但工作人员只检查姓氏，结果把病人弄错了"的行为。

改善的对象是事件本身，而不是人。

工作指示模糊不清，缺乏"报、连、相"

我不太明白指令的内容，但还是先开工。

➡ 促进沟通

6-4
使异常情况可视化

暴露出异常情况,让管理监督者对异常情况采取措施。

▶▶ 定义什么是正常情况

制定规则,就是定义**正常情况**。例如,人们的价值观会因其性别、年龄、家庭背景、国籍的差异而各不相同。一个人眼中"正确"的概念,到了其他人那里可能就是"错误"的。因此,我们要通过制定让所有人都能理解的规则,来定义什么是正常情况。

▶▶ 异常情况的可视化

定义了什么是正常情况后,除此之外的就都是**异常情况**。如果出现异常情况,就意味着有问题了。当问题暴露出来后,"改善需求"就应运而生了。

▶▶ 执行 PDCA 循环

随着可视化过程的推进,各种浪费、问题和议题都暴露了出来。这些就是所谓的"改善需求"。当我们能够看到"改善需求"时，我们就会采取行动。解决问题和议题，可以采用计划（Plan）、执行（Do）、检查（Check）、处理（Action）的改善程序，将其快速地重复循环多次以达到改善的目的。速度在改善过程中是非常重要的。例如，善用纸箱或胶带，试着进行多次的整理或修补。所谓**慢工细活儿不如快工粗活儿**，有了想法后就直接制定草案，越快实行，成效就越显著。

降低库存水平，暴露出更多的问题

积压了大量的库存后，虽然生产时部件有很大的余量，管理起来会更省心，但你的经营能力将会变差。反过来，在低库存的状态下生产时，你会怎么样呢？

你会：

- 更加关注交期，以避免出现短缺。
- 努力减少不良品的数量。
- 注意维护，以避免因故障而停工。
- 努力避免工序间的停滞。
- 将一个部门的问题变成跨工序的问题。

诸如此类的紧迫感增加后，通过采取措施应对，可以使你的管理能力进一步提高。一段时间后，我们可以再次减少库存。就像被水淹没的山一样，水位下降后，山顶就会逐渐露出来。在这里，水位＝库存，山体＝问题。库存（水位）越低，问题（山体）就越明显。如果一下子降低库存，我们将无法处理所有的问题，所以应该逐步降低库存，并在改善问题的过程中提高我们的管理能力。

第6章 使日常管理可视化

降低库存水平，暴露出更多的问题

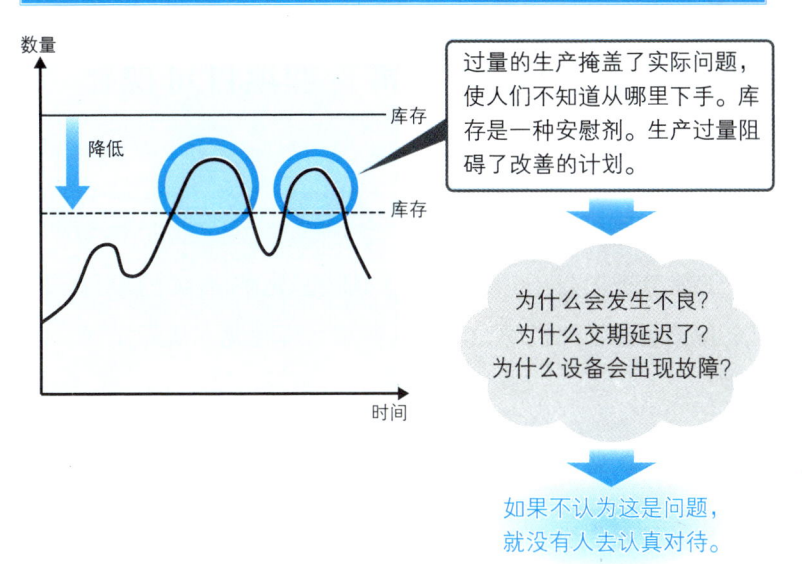

数量

降低

库存

库存

时间

过量的生产掩盖了实际问题，使人们不知道从哪里下手。库存是一种安慰剂。生产过量阻碍了改善的计划。

为什么会发生不良？
为什么交期延迟了？
为什么设备会出现故障？

如果不认为这是问题，就没有人去认真对待。

6-5
通过管理板将各种日常管理项目可视化

日常管理项目中,有各种与 4M 和 QCDS 有关的项目。因此,应该通过管理板等工具将这些项目可视化,从而实现日常管理。

▶▶ 开工前的管理

时间管理是纪律的基础。应该把工作时间和休息时间明确区分开,在规定的工作时间内要 100%投入工作,在休息和午餐时间内就好好休息。为了实现这一目标,我们要对实施作业前的时间进行充分的管理。要确保生产线一开工就能运行,并在固定工作时间内 100%投入运行。提前做好作业员点名、安全检查和当日工作安排等准备,以便开工时间一到就能生产出良品。需要空运转的设备应该提前启动,当日作业所需的料件和工具也要提前准备好。

特别是,由于初物(初品)的质量往往不稳定,所以应采用初物管理**三件套**(**在库品**、**检查成绩表**和**初物手续表**)等方式进行**初物(初品)管理**,以提高良品率。

▶▶ 收工后的管理

到了休息时间或收工时间，应该**结束工作**。如果作业进行到一半，应该使用**作业中断卡**。通过定位置管理法，来明确作业或设备的**固定位置**也非常重要。如果重新启动时不清楚作业进行到什么程度，就会导致"忘记拧上螺丝"等质量问题的产生。明确作业程序，以便即使作业员突然被替换，也可以操作无误地重新启动作业。

此外，**收工后的管理**中，还需要在每日生产报告、检查表、交接表等中总结当天的工作成果，并通过终物管理来确认生产量和不良率。

▶▶ 主管人员的日常管理

主管应在每天早上和作业刚开始后，对车间进行定期巡视。巡视之前要编写**主管行为准则管理表**，事先针对巡视的频率和检查项目制定规则。巡视内容包括检查是否执行了品质确认项目，是否遵守了规则标准，是否执行了安全生产，是否有设备故障的迹象，是否能按时交付，等等，以确保发现潜在隐患，并将其消灭在萌芽状态。

设备能力的平准化

种类		实施事项	文件和记录	频率
品质	1	检查行为准则的执行情况	主管行为准则管理表	1/班
	2	查看每日检查报告	工序内不良推移表	1/班
	3	检查不良品的返工情况	工序内返工记录表	随时
	4	查看4M条件管理检查表	4M条件管理检查表	1/H
	5	检查针对异常报告的整改措施	异常情况报告	随时
	6	检查作业指导书、操作规程的编制和修订情况	作业指导书、操作规程	随时
	7	报告工序异常情况	安灯	随时
	8	检查和填写工作联络日志	工作联络日志	1/班
	9	检查刀具更换的实施状况	刀具更换质量检查表	1/班
	10	……		
生产	21	记录生产线停工时间，采取整改措施	生产管理板	1/班
	22	记录每台机器的实际生产时间，采取整改措施	生产线的生产状况	1/班
	23	掌握缺人情况，进行人员调整	晨会	1/班
	24	……		

续表

种类		实施事项	文件和记录	频率
安全	31	由车间安全卫生委员会实施检查	实施报告书	1/M
	32	对新上岗人员进行作业观察	作业观察检查表	1/M
	33	……		

6-6
日常管理中的变更管理

工序管理＝日常管理＋变化点管理。

▶▶ 3H 作业

3H，取自"**首次、久违、变化**"三个日语单词的首字母。这三种状态下，作业发生事故或问题的概率非常高。

▶▶ 变化点管理

特别是在变更方面，当已经进行了一段时间的作业被暂停，发生变更后重新启动时，比如：

- Man：作业者（人数、能力、意识）。→更换作业员的时候
- Machine：设施、设备、机器（硬件和软件）。→更换设备的时候或维修完成后
- Method：方法（方式、程序、技术、手段、机制、系统、速度）。→更换工装夹具的时候
- Material：原材料、外购品、物料（有形和无形的，内容）。→切换产品种类或批次的时候

当 4M 发生变化（产生**变化点**）时，很可能会发生异常情

第6章 使日常管理可视化

况,所以应该采取以下步骤来实施**变化点管理**。

① 确定什么是"变化点"。

② 确定"变化点"的管理项目和实施内容。

③ 制作"变化点"的标准文件或标示。

④ 遵守标准。

▶▶ 制作变化点管理板

应该制作"变化点"的标准文件或标示,比如**变化点管理板**。然后填入变化点、工序、变更内容、变更日期、确认事项等内容,以明确变化发生的地点和方式。

此外,当出现变化点时,应该在质量检查工序图上明确标出变化点发生的位置,并提醒人们注意。特别是要对变化点后的初物进行仔细检查,如果不合格,就从生产线上移走,在确认良品能稳定生产后再恢复作业。

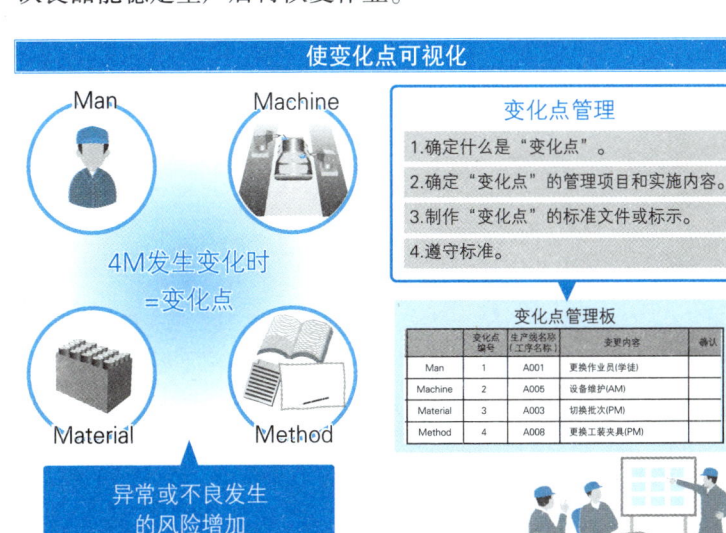

使变化点可视化

Man　　Machine

4M发生变化时
=变化点

Material　　Method

异常或不良发生
的风险增加

变化点管理

1. 确定什么是"变化点"。
2. 确定"变化点"的管理项目和实施内容。
3. 制作"变化点"的标准文件或标示。
4. 遵守标准。

变化点管理板

变化点编号	生产线名称(工序名称)	变更内容	确认
Man	1	A001	更换作业员(学徒)
Machine	2	A005	设备维护(AM)
Material	3	A003	切换批次(PM)
Method	4	A008	更换工装夹具(PM)

专栏

日常管理的目的是什么？

　　管理并不是企业活动的根本目的。企业活动的最终目的是创造利润。管理只是创造利润的手段，是构建流程以实现预期结果的一种方式。管理的最初目的是进行维持和改善。如果说管理是达到目的的手段，那么管理本身就是一种投入的成本（管理成本）。

　　因此，必须提高生产效率，使管理的结果（产出）始终高于经营资源的总成本（投入）。

第 7 章

使方针和理念可视化

　　人独自在黑暗中行走时，会踌躇不前，不知道要往哪里走，步伐也变得沉重起来。如果几个人一起走，可能会因前往不同的方向而走散，会有人落单、迷路。在这种情况下，如果从石缝中漏出哪怕一丝的光亮，都可以成为"指路明灯"，指引着所有人都朝着同一个方向前进。

　　在经营管理方面也是如此。因为部门和层级等无形的障碍，我们不能了解每个人心里的所思所想。只有把彼此的想法放到台面上，知道对方在想什么，想做什么，我们可以互相提供什么帮助，在行进方向一致的情况下，人力资源的协同作用才能实现。

　　因此，在本章中我们将为您介绍使这些方针和理念可视化的方法。

7-1
使理想状态和目标状态可视化

将对理想的彻底追求（不仅要做好分内之事，还应该挑战实现对未来的设想）可视化。

▶▶ 演绎法

演绎法与**归纳法**有所不同，归纳法是从过去延伸出来的思维模式，而演绎法是一种基于目的的方法，用于设计未来的**理想状态**，并通过学习改变现状。

- 归纳法：在现有知识和技能的基础上，通过解决问题来

归纳法和演绎法	
归纳法	演绎法
逐渐进行改善的方法 （一步一步地攀登）	尽可能地接近目标的方法 （跨越和跳越台阶）

逐步改善的方法（改善以避免失败）。

- 演绎法：从一开始就设定一个高目标，通过改变思维方式和运用智慧，来尽可能地接近目标的方法（改善以获得成功）。

▶▶ 理想状态和目标状态

勾勒出**理想状态**、**目标状态**与**当前状态**，并进行改善活动。

- 理想状态：心中所期待的，但以现实的条件，近期内还无法企及的理想中的样子，无法立即达到的更高目标。
- 目标状态：比理想状态更加切合实际，在未来数年内就可实现的状态，以当下环境和自身能力为背景，通过努力可以实现的近期目标。
- 当前状态：目前的情况、目前的实力（能力）。

问题在于理想状态和当前状态之间存在差距。通常情况下，由于二者之间的差距过大，我们应该把理想状态降低到目标状态，即现实中可以到达的位置，从而找出问题并进行改善。

理想状态和目标状态

理想状态

差距

目标状态

当前状态

7-2
使目的、方针和目标可视化

明确生产的目的、方针和目标，使企业的理念可视化。

▶▶ 企业理念和公司生产的目的、方针和目标

你的公司是否拥有企业（经营）理念、使命，是否制定了目的、方针呢？它们是可见的吗？如果不是直观可见的，那么就算公司具备这些企业文化，员工也不会记得，自然也就不会认同和理解。所以，应该将企业文化制作成标语张贴在醒目的地方，或制成卡片让员工随身携带，或者让员工每天早上进行背诵，使其深入到每个员工的内心。

另外，还应该从中分解出符合本部门和员工本人（个人）的目的和方针，并把它们落实为具体的目标。

▶▶ 为部门、车间（团队）和个人明确目的、方针和目标

根据公司的目的、方针，为本部门、本车间（团队）和个人明确目的、制定方针，并设立目标。

① 明确目的：所谓**目的**，就是做这件事（工作/任务）的原因。也就是在方针指导下，自己的目标状态。在明确了整个

公司的目的、方针的基础上，应结合问题的重要性和紧迫性，将其整合，然后分成每个生产活动主题的目的。

② 制定方针：所谓**方针**，就是组织行进的方向，是成员共同的价值观、原则和信念。公司的方针，为员工采取什么思路、方法来达成目的指明了方向。

③ 设立目标：所谓**目标**，是指在方针指导下，为了达成目的，应该在规定限期内完成的任务。它必须有一个"落脚点"，对于"目标是否已经到达（达成）"是可以衡量或判断的。应该设定具体且**量化**的结果指标（目标值）来衡量目标。如果指标是模糊且定性的，就不可能判断目标到底是达成了还是没达成。

也就是说，目标必须有助于目的和方针的实现，必须与整个公司的目标一致，并且必须有明确的达成期限。此外，在根据目的和方针实现目标的过程中，可能会出现一些风险（危险或问题），在此情况下，则有必要将减少这些风险纳入到目标之中。

部门、车间（团队）和个人的目的、方针和目标的可视化

有许多公司，虽然张贴出企业理念和使命的标识，但部门、车间（团队）的目的、方针和目标仍然不可见。部门、车间（团队）对个人来说是一个更为接近的"路标"。只有看到了本部门或车间（团队）的指示，个人才能够开始采取具体的行动。不仅应该将部门、车间（团队）的目的、方针和目标展示出来，还应该使用**可视化管理板**（**改善板**）等实现可视化管理，从而更好地指导个人的行动。

第7章 使方针和理念可视化

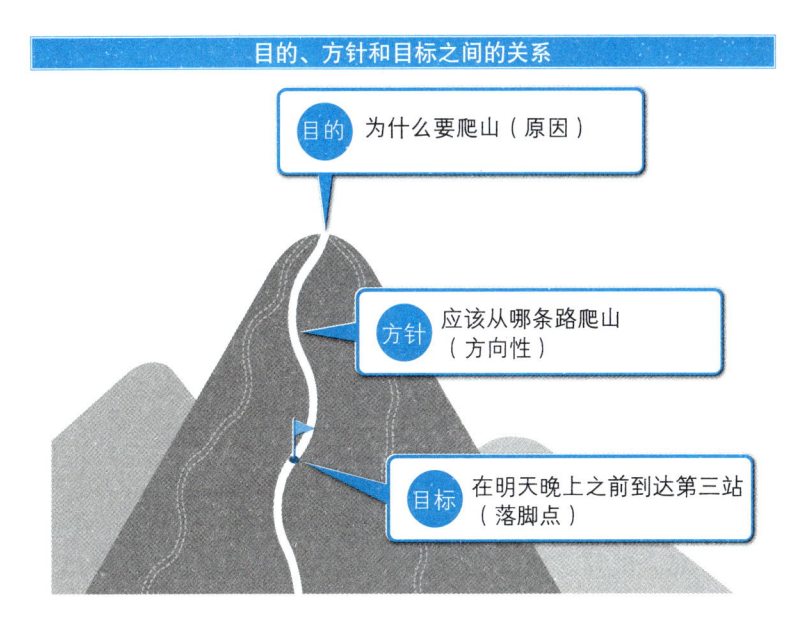

目的、方针和目标之间的关系

目的 为什么要爬山（原因）

方针 应该从哪条路爬山（方向性）

目标 在明天晚上之前到达第三站（落脚点）

7-3
使活动可视化

为每个车间配备一个写有部门目的、方针和目标的可视化管理板，使活动可视化。

▶▶ 可视化管理板

为每个车间（团队）配备一个**可视化管理板**（**改善管理板**），让目的、方针和目标与相应的活动状况一目了然。

制作可视化管理板的目的如下：

① 将必要的信息外显化，并与所有人员共享
- 将组织的方针、目的和目标变成显性知识，让相关人员周知。
- 明确实现方针、目的所需的制度、手段和时间表。

② 明确关联性
- 明确组织的目标与个人的任务和行动之间的联系。
- 明确实现目标所需的行动。

③ 实现自主管理
- 提高人员对自身职责的认识。
- 自我监督并确保继续开展适当的活动。

第7章 使方针和理念可视化

- 发现异常情况,并在其产生影响之前采取行动(预防和改善)。

④ 提高组织能力

- 将具有不同技能的人聚集在一起,分享知识和经验,并获得新的见解。

- 互相帮助,互相鼓励,提高组织的抗压能力。

- 互相竞争,互相激励,提高竞争力和进取心。

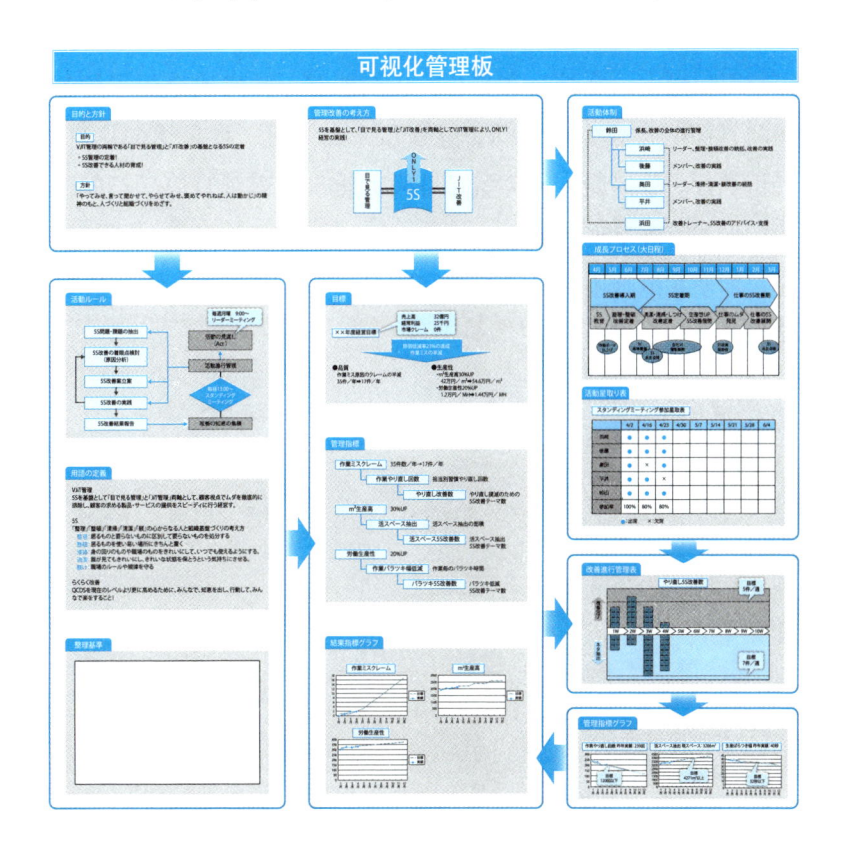

⑤ 让员工心怀自豪感和责任感

• 公开展示本部门（团队）的生产活动，提高员工的自豪感和责任感。

⑥ 推进"三现"原则（现场、现物、现实）的实施

• 创造一个环境，让管理者、主管能够通过"三现"原则致力于（干预）管理和改善活动。

▶▶ 综合布告栏

可以设立一个综合布告栏，让人能够一站式地全面了解各车间（团队）的生产活动、进程和完成情况。将具体的信息，如生产效率、质量、人力资源开发和重点管理项目等，都以图表的形式直观呈现。

即使在电脑中对管理进行了安排，但如果没有制成图表并公示，也不会促成行动。

7-4
使发现和智慧可视化

在发现各种问题和议题之后,如果不能用简单易懂的形式展示出来,就无法与人分享这些议题。

▶▶ 发现并提出问题

如果员工在日常作业中注意到一些小问题或议题,比如难以操作,重体力劳动,会需要等待、寻找、来回取物,等等,可以把它们写在卡片上。通过发现困难或烦琐的作业,将其制成卡片,并张贴在每个人都能看到的地方,可以分享这些问题,让组织能够有机会解决这些问题。可以在卡片上写上相关问题、请求、日期和填表人的信息,并张贴出来,与成员分享。然后大家针对卡片上的议题,一起寻找解决方法,写出解决方案并

发现并提出问题

问题板

困难/烦琐作业发现卡片		
工序名称		记录人
问题点	问题	
	具体情况	
期望		
改善负责人	改善的内容	

加以改善。如果问题的改善成本太高,无法立即解决,或者只有通过改变设计本身才能解决,则应该与管理层和设计开发部门分享这些信息,力求使问题得到改善。

▶▶ 分享智慧

如果我们假设一个人的能力是"1",那么只是一个人埋头苦干的话,就只能有"1"的产出。但如果大家目标一致,彼此能从他人身上学到其他能力,那么原本的"1"就能变成"2"或"3"。正如"三支箭"的故事里所讲的,一支箭很容易被折断,但如果三支箭捆在一起,就没那么容易被折断了。同样,当我们能看到彼此的前进方向和想法时,就会产生**加乘作用**(**协同效应**)。

一个人苦思冥想,很难想出什么好主意。但是,俗话说"三个臭皮匠顶个诸葛亮",如果三个人一起集思广益,就会激发出许多新的见解。如此一来,构想越多,就越有可能提出好的改善意见,从而加快改善的步伐。

▶▶ 定期举行发表会,分享成果

应该举行发表会,将改善的结果在工厂内部、整个公司,甚至集团公司之间进行展示和分享。尽管工序或产品各不相同,但总有一些想法可以作为灵感。如果有好的想法用在我们自己的车间,则应该努力地效仿,并将其改良为适用于本车间的方法。另外,如果有人没能参加发表会,那么可以将发表会的资

料公开上传到数据库中,以便每个人都能参考这些想法。发表会的目的在于:

- 通过汇编材料和与他人交流,来回顾和整理自身的活动过程,以及采取了什么样的行动。
- 从改善案例中学习改善的流程。
- 与其他组织分享智慧。
- 学习其他组织的优点。
- 看清自己的水平。
- 明确剩余的问题,方便转入下一个主题/目标。
- 将改善结果标准化。
- 能够向其他车间横向推广经验。
- 通过公开演讲建立自信。

等等。

7-5
提高改善的水平

利用可视化这个工具来提高改善的水平,使其到达一个新高度。

▶▶ **主管人员的两个基本职责**

主管人员有两个职责,即开展追求成果的活动,以及开展提高组织生产能力的活动,这两个活动是统一的。

① 追求成果的活动:为了实现业务目标这种既定目标而开展的活动。

② 提高组织生产能力的活动:为了通过改善来培养人才、实现车间的发展目标而开展的活动。

主管人员倾向于只开展追求成果的活动,所以一定不能忘记也要兼顾开展培养人才、提高**组织生产能力**的活动。

第7章 使方针和理念可视化

主管人员的两个基本职责

兼顾业务目标和车间发展目标

- 工作
  - 业务
  - 改善（培养人才）
- 追求成果的活动
- ＋
- 提高组织生产能力的活动
- 相互启发和传递智慧并将其应用于工作的能力
- 发展 → 成果

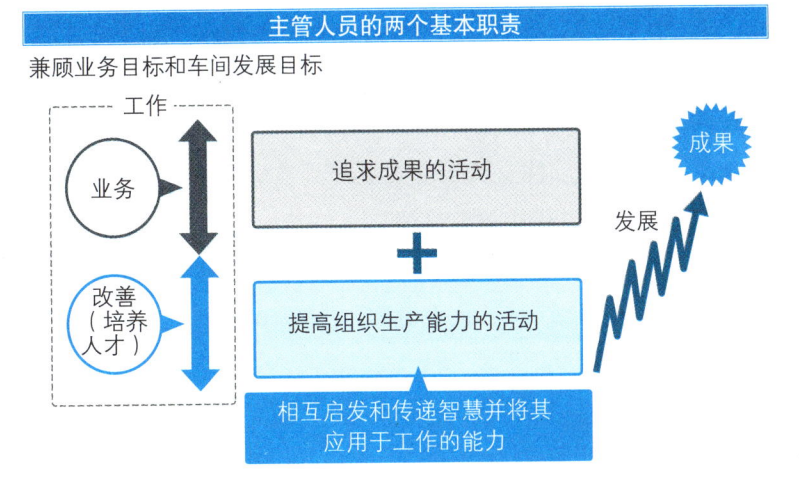

▶▶ 进一步改善

有许多公司引进了市面上流行的某某生产系统，但大多数公司都以受挫或失败而告终。其中一个原因在于，他们只是复制了工具，而没有掌握内核。如果只投入工具，但缺乏改善的基础，无法使其适应本公司的风格，就不会看到效果。我们不应该直接投入工具，而应该从小处着手，实施那些马上就能看到成效的改善，并逐渐向上推进，以培养出适宜改善的土壤。

提高改善的水平，通常按以下步骤进行：

① 5S 和可视化：通过 5S 消除偏差，将异常情况可视化。

② 完善日常管理：制定日常规则，使其可视化，并确保其得到遵守。

③ 建立标准化：明确标准作业，将不能执行的部分可视化，并进行改善。

④ 消除浪费：将浪费可视化，并彻底消除。

⑤ 整流化：将工序间生产线不平衡的现象可视化，并使工序流动起来。

⑥ 改善机制：注重从推动式生产到拉动式生产的改善，将生产机制可视化，优化整个过程。

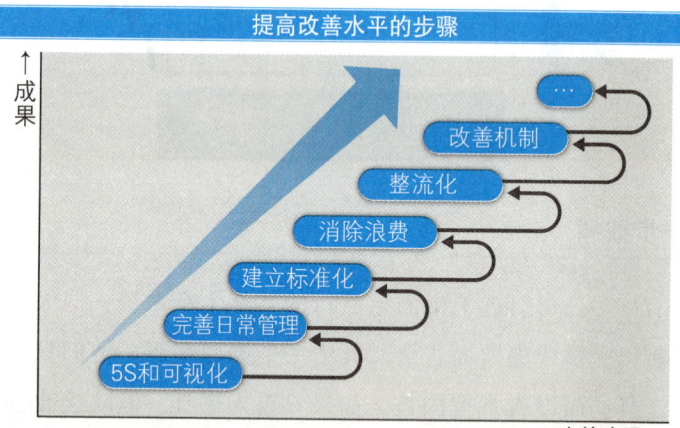

提高改善水平的步骤

↑成果

- 改善机制
- 整流化
- 消除浪费
- 建立标准化
- 完善日常管理
- 5S和可视化

改善步骤→

专栏

在海外开展的KAIZEN（持续改善）活动

最近，丰田生产方式等KAIZEN（持续改善）活动，在东南亚国家开始流行。虽然他们翻译出版了日方的书籍，当地的行业组织派代表团访问了日本，当地的咨询公司也从日本聘请了顾问进行指导，但由于文化、宗教、种族和国民性的差异，他们对于KAIZEN活动的理解往往还是很不到位。

第7章 使方针和理念可视化

> 白领和蓝领作业员之间通常存在着隔阂。前者受教育程度更高,知识面更广,但很少进入车间,与后者也没有交流。后者一般不进行独立思考,每天只是听从指令安排执行作业。
>
> 假如在这种情况下引入丰田生产系统,生产就会以白领为主导,优先考虑系统和工具,而忽视车间本身的改善。这很容易导致"看板"只是流于形式,最后变成一场游戏而已。
>
> 关键在于,要坚持日常的改善。只有通过不断的改善积累,才能从丰田生产方式中,摘掉"丰田"的头衔,创造出一套符合自己公司情况、富有特色的生产系统。

第 8 章

使整体和经营情况可视化

如果一个人的视野很狭窄，会怎么样呢？这样的人只能看到前方，而察觉不到周围发生的事，因此会变成一个独断专行、自作聪明的人。

在生产现场也是同样的道理。如果车间里每个人都只考虑自己部门的利益，只为了自己方便而寻求生产的便利性和经济性，就会导致生产批量过大、提前开工和人员过剩等现象的发生。而自己（本车间）只是默默做事，闷头苦干，对整个车间或公司来说也未必是件好事。

因此，在本章中我们将为您介绍实现整体优化而非部分优化的方法。

8-1
使工厂可视化

使工厂的全貌可视化。

▶▶ 对外的可视化

销售人员带着目录和样品拜访客户,向客户进行介绍是宣传公司产品的一个方法。而邀请客户到你的公司,在展厅向他们直接展示制造过程,也是一种非常有效的宣传方式。一个规范的车间,就会造就优良的产品。为此,我们要组建一个面对来访者能够自信展示的车间,即将车间**展厅化**。

可以在每道工序的入口处,放置一块**欢迎牌**(**工序简介牌**),来欢迎所有人前来参观。首先,用欢迎板向参观者进行简单的介绍,然后再把他们引领到生产线上,通过现场现物进行讲解。

可以将实际的产品样本与欢迎牌一起展示出来。用剖面模型或构成机件的零部件进行说明,会更容易让人理解。此外,还可以展示组织荣获的奖项,比如陈列出证书和奖杯等荣誉。

第8章　使整体和经营情况可视化

对外的可视化

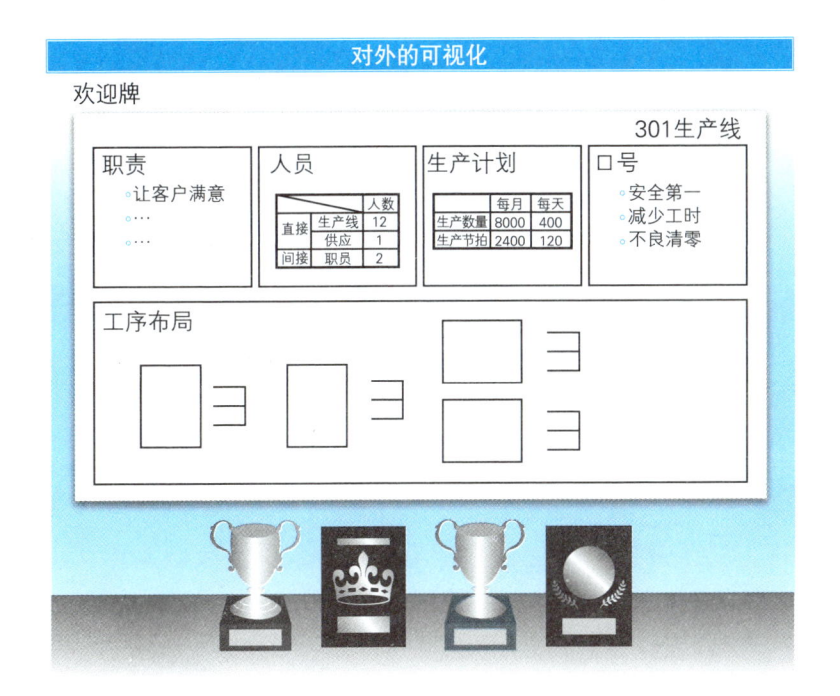

欢迎牌

301生产线

职责
○让客户满意
○…
○…

人员		人数
直接	生产线	12
	供应	1
间接	职员	2

生产计划	每月	每天
生产数量	8000	400
生产节拍	2400	120

口号
○安全第一
○减少工时
○不良清零

工序布局

▶▶ 对内的可视化

　　物联网（IoT，Internet of Things）通过连接互联网，可以使物品和设备的位置、状态、运动和环境变得一目了然，让人能够掌握工厂内的一举一动。例如，对于把握使用量/剩余量，稼动监测、检查检测设备状态的正常/异常动作，检测故障征兆，预防性维护，以及监测生产状况进度，都可以使其可视化，进而实现可控和自动化，朝着**智能工厂**的方向迈进。

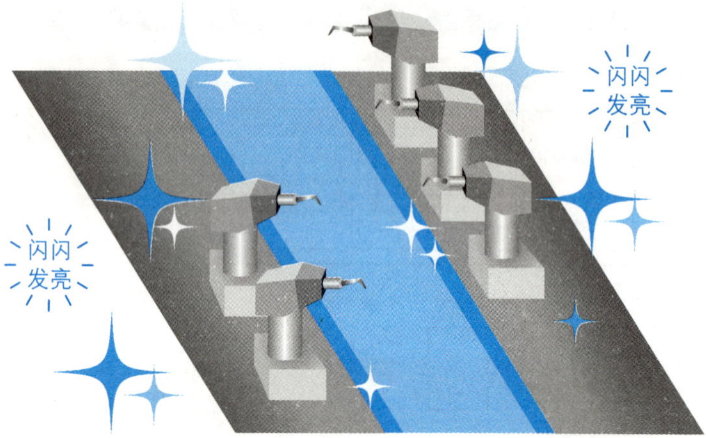
闪闪
发亮
闪闪
发亮

8-2
俯瞰整个工厂

使组织的可视化从部分优化转变为整体优化。

▶▶ 找到瓶颈所在

审视整个工厂及其与物流和供应商的关系时你会发现,物料或信息可能会在意想不到的地方停滞不前(积累或聚集在一起)。这些工序间的物料或信息的停滞不前,延长了交货时间并使库存积压。通过制作"**物料和信息流动图**(价值流程图)",可以发现并改善这些停滞不前的环节,从而确保在正确的时间只生产和运输必要的产品,将每个工序从部分优化转变为整体优化。

由于生产指令是根据生产的信息来执行的,所以流动图不仅要包括物料本身,还应该包括信息流。其中,信息传达的方式非常关键,如果安排不得当就会导致浪费。如果信息传达得太早,就会过早地开始生产,造成压货;如果信息传达得太晚,产品只能在预估的基础上生产,会导致赶交期而造成车间生产混乱。如果传达给各个工序的信息太多,各个工序就会开始自行生产,导致生产不协调和不连贯。

像这样,通过明确物料和信息流动的现状,预设好**目标状态**,可以明确目标与实际情况之间的差距,找到瓶颈,从而对流动受到阻碍的环节进行改善。

如何使用物料和信息流动图

物料和信息流动图的使用步骤如下:

① 描述当前状态:把握并描述现状。

② 描述理想状态:描述理想的形象。

物料和信息流动图中的符号及其含义			
用语	符号	用语	符号
物流	→	看板投放处 　平准化 　除上述外 　滑道	▦ ▱ ⚐
信息流	------>		
信息流 信息类型 看板 　取件 　工序内 　信号 　其他工具(小球等) 　临时性的储备	▱ ▱ ▽ ○ ⌀	生产线	▭
		客户	🏭
手写板	◎	库存"超市"	⊐
指示(列表)	▭	临时放置 　按顺序排列 　除上述外	→ ▲
其他(电报、信号)	⚡		

③ 找出问题：根据当前状态和理想状态之间的差距找出问题。

④ 评价和检讨问题：考虑各种制约因素，研究可能性和优先级。

⑤ 描述目标状态：描述为了达到理想状态，而瞄准当前目标的状态。

⑥ 进行逐个改善：实施改善，以达到目标状态。

符号及其含义

物料和信息流动图中，会使用到以下符号。

8-3
将整体视觉化

物料和信息流动图是以典型客户的一个具体产品为例,通过对信息和操作的盘点,将整体优化所需的瓶颈问题可视化。

▶▶ 绘制的规则

物料和信息流动图的制作步骤如下:

① 在 MAP 的右上方或右侧画上客户的符号,标记交付指示。

② 从发货区开始,指向前列(上游)工序。

③ 物流应画在 MAP 的下半部分,从左到右,从前工序开始按照工序顺序绘制。不需要按照布局来画。主要流程可以画在中间,线条可稍微加粗。副工序可以画在上面或下面。

④ 一个工序中,应该有一个流动过程。在制品的停滞和集中搬运,应作为一个独立的工序。

⑤ 信息流应画在 MAP 的上半部分,由右至左进行绘制。

⑥ 标准作业的作业时间一定要经过实测。

⑦ 由于信息往往是由计算机生成的,因此应将输入和输出的信息打印出来并进行检查。

第 8 章 使整体和经营情况可视化

⑧ 供应商应画在 MAP 的顶部或左上角。不要在 MAP 上描述所有的外购品。可以描述主要原材料和主要分包商。特别需要注意的是要画出采购周期长的零件和使用率高的零件。

⑨ 尽可能地在图中填写调查项目。

⑩ 应在 MAP 的底部画出一条时间轴。应该在这个时间轴中，记入有效加工时间和交货时间。用在制品库存等数量，除以客户的日需求量来计算出时间，并写入时间轴。

▶▶ 关注点

从物料和信息流动图底部的时间轴（**有效加工时间与交货时间的比例**）可以看出，交货时间要比有效加工时间长。通过将这部分可视化，可以帮助我们针对缩短交货时间进行改善。

▶▶ 画出三种物料和信息流动图

画出"当前状态"、"理想状态"和"目标状态"的三种物料和信息流动图，以便发现问题并进行改善。

物料和信息流动图（当前状态）

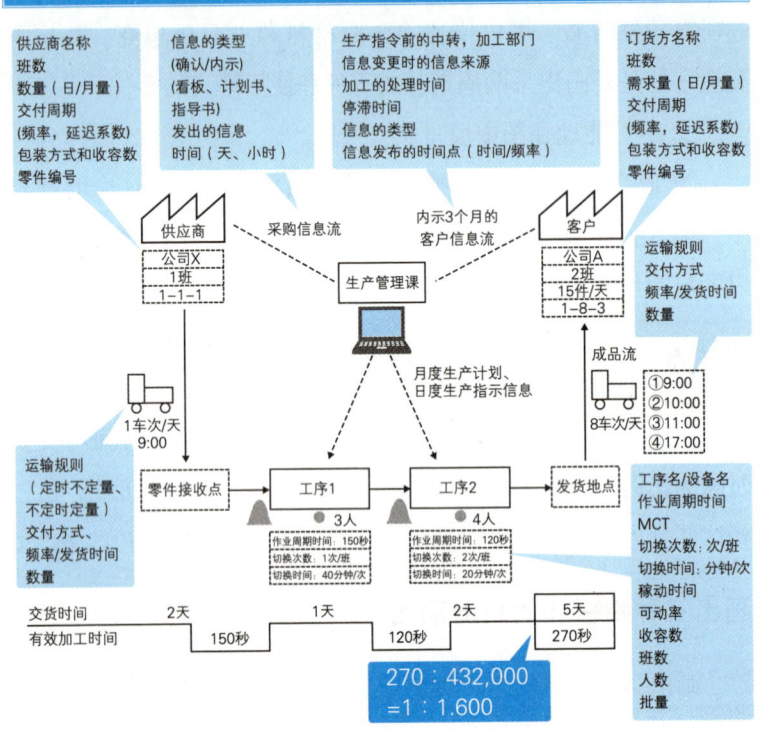

供应商名称
班数
数量（日/月量）
交付周期
(频率，延迟系数)
包装方式和收容数
零件编号

信息的类型
(确认/内示)
(看板、计划书、指导书)
发出的信息
时间（天、小时）

生产指令前的中转，加工部门
信息变更时的信息来源
加工的处理时间
停滞时间
信息的类型
信息发布的时间点（时间/频率）

订货方名称
班数
需求量（日/月量）
交付周期
(频率，延迟系数)
包装方式和收容数
零件编号

供应商 — 采购信息流 — 内示3个月的客户信息流 — 客户

公司X
1班
1-1-1

生产管理课

公司A
2班
15件/天
1-8-3

运输规则
交付方式
频率/发货时间
数量

月度生产计划、日度生产指示信息

成品流

1车次/天
9:00

8车次/天

① 9:00
② 10:00
③ 11:00
④ 17:00

运输规则
（定时不定量、不定时定量）
交付方式、
频率/发货时间
数量

零件接收点 → 工序1 (3人) → 工序2 (4人) → 发货地点

工序1
作业周期时间：150秒
切换次数：1次/班
切换时间：40分钟/次

工序2
作业周期时间：120秒
切换次数：2次/班
切换时间：20分钟/次

工序名/设备名
作业周期时间
MCT
切换次数：次/班
切换时间：分钟/次
稼动时间
可动率
收容数
班数
人数
批量

交货时间 | 2天 | 1天 | 2天 | 5天
有效加工时间 | 150秒 | 120秒 | 270秒

270：432,000
=1：1.600

8-4
摆脱生产者的思维模式

创建一个消除部分优化的流程。

▶▶ 摆脱生产者的思维模式

对于原材料，往往会通过加大每次的订货量来降低采购单价，追求"**大批量购买=低成本**"的效益。在加工厂，往往通过大批量的生产来尽量减少切换次数，追求"高稼动率和生产效率的**大规模生产=高效率**"的效益。在出货区，往往追求"**安全库存=保险**"的"神话"，也就是库存越多越放心，无论订单什么时候来，都不怕没货。其实，这些观念会造成**原材料库存**、**在制品库存**和**成品库存**的积压，阻碍价值的流动。

对于原材料库存、在制品库存和成品库存来说，当下的备料/制造单价看起来的确很便宜。然而，只有在产品完成并售出后才会回流资金。虽然在初始阶段能够以低价备料，但如果产品仍在仓库中，就无法回收到任何现金，现金流将会逐渐枯竭。也就是说，持有库存，让资金也变成了库存，从而使现金闲置。大量备料和大批量生产，意味着更大的资金投入、更高的利息负担和更长的投资回报时间。

重要的是，不要从**某个时间点**来考虑，而是要从获取利润的角度，在一个**时间段**上做长远的打算。

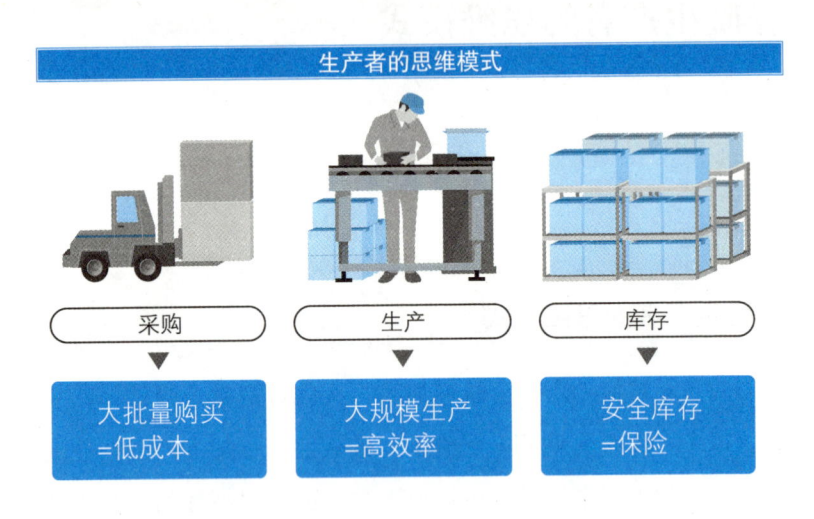

生产者的思维模式

采购	生产	库存
大批量购买 =低成本	大规模生产 =高效率	安全库存 =保险

▶▶ 打造一个细而快的价值流

从时间段角度来考虑的话，就应该追求能够尽快生产出客户所需产品的"流量思维"，而放弃持有库存并从该库存发货的"库存思维"。通过抛弃大批量集中生产、短而粗的价值流，建立以小单位快速生产、**细而快的价值流**，来实行对生产的**整流化**。

这样可以缩短交货时间，并具有以下益处：

- 占用的现金流减少。
- 减少库存空间，减轻库存的利息负担。
- 降低订单取消时的库存风险，减少丢弃库存和封藏品的浪费。

- 能够对市场波动和设计变更快速做出反应，并能够在适当的时机大量生产畅销品。
- 能够更快地反馈不良等问题，以便迅速采取对策。
- 能够延缓生产计划的最终确定，减少错误估计等导致的变更，提高生产计划的制定及执行能力。
- 出现加急订单、特急件时，也能够迅速处理，增强了生产制造能力。
- 减少零件采购和库存管理方面的开销。
- 更容易发现异常情况。

8-5
通过整流化改善，缩短交货时间

通过整流化，缩短交货时间。

▶▶ 总交货时间

总交货时间是采购过程周期时间、生产过程周期时间以及物流销售过程周期时间之和。其中，生产过程周期时间是指原材料进入工厂、加工和发货的时间。

▶▶ 生产过程周期时间

生产过程周期时间，是指从收到订单到最终出货所需的时间，由**加工时间**和**停滞时间**组成。

生产过程周期时间=加工时间（增值作业时间+附带作业时间）+停滞时间（信息停滞时间+检验时间+搬运时间+等待时间+……）

▶▶ 缩短停滞时间，比缩短加工时间更重要

画出物料和信息流动图后，我们可以看到有效加工时间与交货时间的比例：每1个加工时间，对应着几十倍或几百倍的

第 8 章 使整体和经营情况可视化

停滞时间。这意味着针对停滞时间改善,比针对加工时间更有效。停滞时间越短,**积压**就越少,**库存**也就越少。

▶▶ 积压=库存的原因和对策

积压问题产生的原因和对策如下:

- 原单位:例如,收到的订单是 2 个单位,生产批次是 5 个单位,但机器只能以 1 个单位进行填料,而发货是 4 个单位,等等,像这样单位不连贯时,工序间会产生积压(库存)。解决办法是使这些单位一致,如果不容易做到,就使其成为 2 的整数倍,这样就不会留下零头。

- 流程/周期:例如,如果原材料和包装箱的进货时间或生产日期不一致,就会出现积压(库存)。解决办法是使生产和采购的计划同步进行,拉近时间点。此外,如果机器 A 的作业周期是 60 秒,机器 B 的作业周期是 90 秒,就会产生 30 秒的停顿(库存)。解决办法是使机器作业周期的时间同步。

- 计划外/中断:中断会导致当前作业停止,并造成积压(库存)。解决办法是尽可能地小批量生产,以便能够应对生产上的变动。

- 外部等待:等待来自客户等外部的请求或答复,会导致积压(库存)的产生。解决办法是建立一个快速共享信息的机制,实现销售部门等部门间信息的可视化。

积压=库存的原因

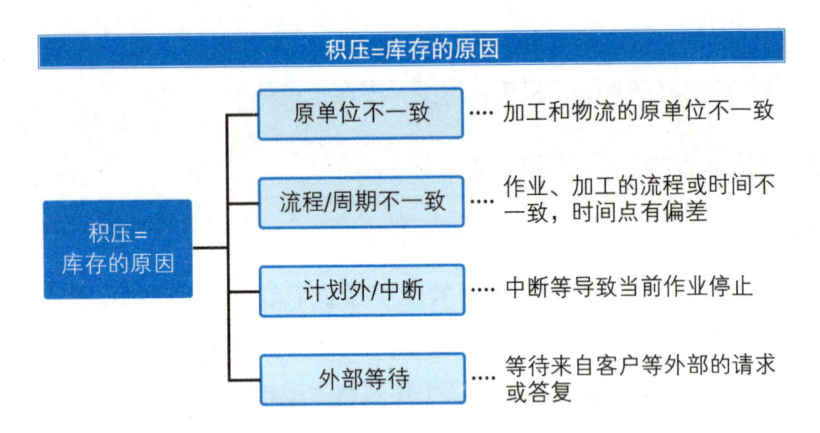

```
              ┌─ 原单位不一致      ···· 加工和物流的原单位不一致
              │
              ├─ 流程/周期不一致   ···· 作业、加工的流程或时间不
 积压=        │                         一致,时间点有偏差
 库存的原因 ──┤
              ├─ 计划外/中断       ···· 中断等导致当前作业停止
              │
              └─ 外部等待          ···· 等待来自客户等外部的请求
                                       或答复
```

8-6
使经营可视化

让每个车间都具备经营意识。

▶▶ 损益管理的例子

实际成本核算分为以下两种类型：

- 单独成本核算（细分为直接劳务费、直接经费和间接制造成本）
- 综合成本核算（整合为加工费）

这里举一个简单的综合成本核算的例子，帮助读者更好地理解。

首先，支出管理所需的数据有：

① 直接材料费单价：每件产品的原材料费。使用平均法等来确定材料单价。例如，1,500日元/件。

② 加工费单价：确定直接劳务费（每人每小时的工资/工资率）、直接经费、制造间接费用（间接材料费、间接劳务费、间接经费的分摊）每人每小时的单价。例如，3,600日元/h。

一旦确定了单价，就按生产的数量进行核算。

③ 直接材料费：直接材料费单价×每日投入加工的数量＝每日直接材料费。例如，1,500日元×210件＝315,000日元。

④ 前工序费（分包成本）：计算每日前工序的制造成本和分包成本。例如，100,000日元。

⑤ 加工费：加工费单价×总投入工时＝加工费。例如，3,600日元÷60分钟×2,540分钟＝152,400日元。

⑥ 制造成本：直接材料费＋前工序费（分包成本）＋加工费＝制造成本。例如，315,000日元＋100,000日元＋152,400日元＝567,400日元。

然后，收入管理所需的数据有：

① 生产销售平均单价：每件产品的生产销售额。使用平均法等来确定销售价格。例如，5,000日元/件。

② 生产销售额：生产销售平均单价×每日产量（良品数量）＝每日收入。例如，5,000日元×185件＝925,s000日元。

接下来，可以据此进行损益管理：

① 生产利润：生产销售额－制造成本＝生产利润。例如，925,000日元－567,400日元＝357,600日元。

② 生产利润率：生产利润÷生产销售额×100%＝生产利润率。例如，357,600日元÷925,000日元×100%＝38.7%。

③ 直接材料费率、前工序（分包）费率和加工费率：计算这三者在制造成本中的比重。例如，55.5。

④ 生产成本率：制造成本÷生产销售额×100%＝生产成本率。例如，567,400÷925,000×100%＝61.3%。

第8章 使整体和经营情况可视化

可以将这些数据记录在每日作业报告上,作为日常管理的指标,并将其变化绘制成图表。由于每天的异常值都是直观可见的,所以一旦发现就可以立即采取行动(改善)。如果行动采取得当,每月应该会获得良好的效益。

8-7
通过可视化改善整个公司

仅仅将原来不可见的项目可视化,是不会让公司有所改善的。只有通过可视化,让人们的行为发生转变,才能让公司开始变得越来越好。

▶▶ 改善促进者

作为公司变革的推动者,最高管理层的作用毋庸置疑,不过**改善促进者**的作用也同样重要。

促进,包含了推动、简化、便利化,顺利运行、组织、主理和启发等含义。这里是指鼓励发言,组织谈话的流程,促进相互理解,确保参与者达成一致意见,激活组织以建立共识。促进活动能让改善的过程更加顺利和容易,并以中立的立场进行引导,确保事情顺利进行。

虽然执行可视化让问题浮出了水面,但如果组织不具备改善的基础,也很难采取行动。因此,我们要安排促进者,来支援和推进各种概念创新活动,如小组合作解决问题、提供建议、建立共识、教与学、改革、自我表达和成长,等等,以促进改善。这些人被称为**改善促进者**(协作促进者)。

改善促进者不会对可视化下暴露的问题/议题,直接给出答案,而是会在幕后进行指导和帮助,从而让参与者能够自己设定目标、解决问题。因为是自己每天都在接触的工作,因此,一线作业员比促进者更了解这些问题/议题。不过,这也意味着他们很难摆脱以往的做法和常识,提出新的理念和想法。因此,改善促进者会对"中间过程(如人或组织之间的问题、达成结果的方法等)"提供建议,并进行过程设计(如设计方案、时间表、工具等),以及过程管理(如改善与相关人员的沟通方式、交通引导、路线纠正、部门间协调等),推动针对可视化下暴露出的问题和议题的改善活动。

▶▶ 采取行动,让公司发生积极的转变

可视化能够让公司存在的各种问题暴露出来,如果能建立一个系统,鼓励每个人都愿意对这些问题采取行动,那么这些问题肯定会被消除。随着时间的推移和环境的变化,会不断出现新的问题,所以我们应该坚持实行可视化,从而进行改善。重复这个过程,将使人员、组织文化和公司稳步向前发展。

采取行动，就会让公司发生改变

可视化

行动

有想法但不行动

组织文化改革
公司改革

专栏 **改革不成功的原因**

正如俗话所说："认真思考可以产生智慧，半途而废只会引发牢骚，马虎做人滋生诸多借口。"改革早期阶段，会充斥着牢骚和

第8章 使整体和经营情况可视化

借口。想要从这个阶段向前推进,就必须由员工自发地实施真正的改革。如果员工没有看到旧制度(方法、机制、程序等)的不合理性,没有认识到新制度的必要性,那么真正意义上的改革就不会成功。

这就好比有一匹口不渴的马,就算你把它带到饮马的地方强迫它去喝水,它也是不会喝的。同样地,对于那些不认为有必要改变或必然会发生改变的员工,无论设计多少新制度让他们去执行,都不会取得什么成效。如果不是每个员工都自发地做出改变,并自主地采取行动,改革就不会成功。

特别篇

可视化水平代表了公司的水平

作为顾问,我们经常会对工厂进行简单的评测。用半天的时间巡视工厂,然后对公司的水平做出评估。评估的着重点在于公司的可视化程度。可以说,一个可视化程度高的公司,通常都具有较高的制造水平和人才培育水平。

因此,在本章中,我们提供了评测的标准和题目。读者可以在前几章的基础上,对自己公司的可视化水平做检测。

可视化水平检测 100 题

你可以通过以下 100 个项目,对自己公司的可视化程度进行评分(每项满分为 3 分)。

评分标准(示例)

0=×(未能达到,欠缺,未能实现,缺乏规则或机制)。

1=△(现地现物下可以达到,存在规则或机制,但没有被可视化)。

2=○(实现了可视化,被展示出来,让人一目了然)。

3=◎(可视化顺应了现实情况,确保了最新的性能,并能发挥作用)。

● 可视化评测项目

分类		项目	评分
①物品的可视化	整理	对需要/不需要的物品进行区分。	
		不需要的物品会被定期处理掉。	
		将生产线上的在制品(半成品)看作衡量时间的尺度。	
		有一些用来激发整理行动的工具。	
	整顿	物品的摆放方式顾及动作经济的原则。	
		遵循定位、定品、定量(三定)原则。	

续表

分类		项目	评分
①物品的可视化	整顿	物料以先入先出的方式放置。	
		对工装夹具实行形迹管理。	
		通过地图等管理物品位置。	
		展示的方式让人一目了然。	
	清扫	设立日常清扫的制度。	
		清扫设备得到良好的维护和清洁。	
		使清扫工具和架子保持开放并加以管理。	
	清洁	无论谁看到车间里有垃圾或污垢,都会将其立即处理。	
		设立检查表和定期巡视制度。	
		采用色彩管理。	
	素养	每个人都能做到问候并鞠躬致意。	
		规则被展示出来并被工具化。	
②4M的可视化	Man	通过数字掌握与人力有关的五大浪费。	
		进行运动分析,从而识别出人动作中的浪费。	
		始终力求实现"一人工"。	
		实现1人多台设备和1人多道工序。	
		使用人员管理板等对人员进行合理分配。	
		了解作业员的技能,并制订培训计划。	
		改善与人力有关的五大浪费。	
		设定衡量劳动生产率的标准。	
	Machine	通过数字掌握与设备有关的七大浪费。	
		进行有计划的维护,而不是事后再维修。	
		管理稼动率和可动率。	

续表

分类		项目	评分
②4M的可视化	Machine	重点关注非（不）稼动时间内的问题。	
		实行自主维护，如初期清扫等。	
		使用自主维护管理板等应对劣化问题。	
		为加油等作业找到最佳位置，使之易于操作。	
		通过数值获知设备的瓶颈。	
		改善降低设备效率的七大浪费。	
		设定衡量设备总效率的标准。	
	Method	实行标准化作业。	
		检查标准作业是否得到了遵守。	
		在作业程序表和作业要领书中添加照片和不良状况。	
		能正确地教授工作方法。	
		明确生产速度。	
		掌握节拍时间（takt time）和周期时间（cycle time）之间的差异。	
	Material	能够根据使用频率进行 ABC 分级。	
		通过数值掌握库存管理费。	
		明确适宜库存量。	
		库存管理的订货点（警戒点）是自主决定的。	
③QCDS的可视化	Quality	不合格产品可以通过现地现物识别。	
		判断标准在检验标准书中有明确的规定。	
		具有在出现异常的情况下让机器停止的设计。	
		具有可以用安灯等通知异常情况的系统。	
		在源头上进行跨职能的质量改善。	

续表

分类		项目	评分
③ QCDS 的可视化	Quality	后工序相当于客户，将问题反馈给前工序。	
		对于初品、初物和终物的管理，有明确的规则。	
		对质量记录进行数据分析和改善。	
	Cost	知道在什么地方可以降低成本。	
		把握原单位。	
	Delivery	使发展计划可视化，并对进度进行管理。	
		开发问题经由 DR 委员会等进行审查。	
		使生产准备事项可视化，并对进度进行管理。	
		每个人都可以进行准备工作。	
		每个人都可以看到货物进出的信息。	
	Safety	时常寻找潜在隐患。	
		确保通道畅通，消除临时和暂时存放的现象。	
		将担架、急救箱和储水等防灾应急品放在醒目的位置。	
		具有一套报告重大事故的程序。	
		建立了防呆法和防错法机制。	
		每个人都了解机械使用上的安全性。	
		每天检查员工的身体状况。	
④信息的可视化		作业员知道他们当天要生产什么，生产多少，何时完成。	
		通过生产管理板等，把握每天的计划生产和实际生产数量之间的差异。	
		说明书、图纸等文件有一套处理流程。	

续表

分类	项目	评分
④信息的可视化	工厂里没有张贴旧的、过期的文件。	
	电子媒体信息可以很容易找到。	
	能够对信息进行更新管理。	
	物品和信息能做到物卡一致。	
⑤日常管理的可视化	各级对方针管理都有充分的了解。	
	执行 SDCA 循环。	
	查明规则未能被遵守的因素,并采取应对措施。	
	减少库存水平,实施改善。	
	明确规定了输入和输出管理的规则。	
	主管人员时常在车间进行巡视。	
	主管人员知道要在何时何地进行 3H 作业。	
	具有用于变化点管理的工具。	
⑥方针、理念的可视化	明确了目标状态。	
	明确了车间(团队)的目的、方针和目标。	
	目标是以数值形式量化的。	
	配备了综合布告栏。	
	具有分享智慧的机制。	
	管理人员也参与到提高组织生产能力的活动中来。	
⑦整体和经营情况的可视化	让生产线也成为展厅。	
	设置欢迎牌。	
	具有物料和信息流动图。	
	进行改善,以缩短交货时间。	

续表

分类	项目	评分
⑦整体和经营情况的可视化	能够对每个车间进行损益管理。	
	在日常中创造改善的环境。	
	培训员工以促进改善。	
	员工的行为正在发生改变。	

● 评分

将每个评估类别的分数相加,统计总分。

种类	项目数量	评分
①物品的可视化	18	
②4M 的可视化	28	
③QCDS 的可视化	22	
④信息的可视化	7	
⑤日常管理的可视化	8	
⑥方针、理念的可视化	8	
⑦整体和经营情况的可视化	9	
共计	100	

● 讲评

公司的分数属于以下哪个级别?

总分档次	讲评
1~100	在可视化之前,仍有许多问题需要解决。
101~200	已经部分实现了可视化,但仍需努力。

续表

总分档次	讲评
201~300	可视化几乎得到了维护和更新,正在发挥着作用。

● **不应该只评估一次就结束**

应坚持每 3—6 个月进行一次评估,以观察可视化进展情况。

次数	1	2	3	4
月日	年 月 日	年 月 日	年 月 日	年 月 日
分数				

将上述内容以图表的形式直观地表现出来。

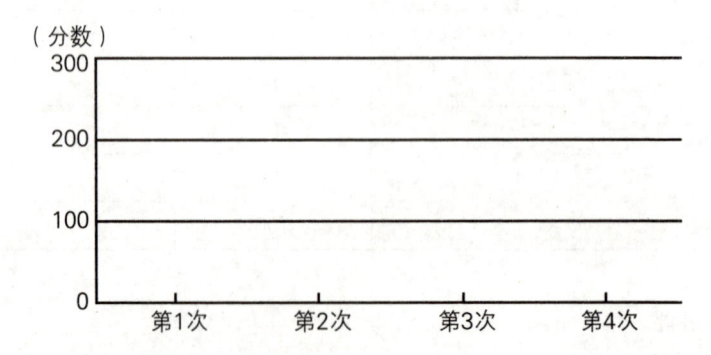

专栏 不要隐瞒缺陷

　　日本的名古屋有一家超市,因其超低的价格而生意火爆。这家超市的独到之处,不仅仅在于低廉的价格。店里的商品,都是出于一些原因而降价处理的,于是店家把这些原因做成了一个个标签,和产品摆放在一起,让人一目了然。例如,在摆放特价草莓的货架底部标注"由于缺乏日照,本产品的甜度稍低。搭配炼乳一起吃风味更佳",或者在特价苹果旁边标注"本产品因最近的台风而外表受损,但味道不变"。消费者看见这些信息后,觉得可以接受就会购买。该店通过诚实地列出产品的缺陷,让消费者能够更放心地购买。

　　同样,在商业经营和制造领域,由于隐瞒产品缺陷而引起消费者不满,结果被逼到濒临破产的公司数不胜数。产品出现了缺陷就要诚实地告知客户,这是每个行业都应该做到的。

结　语

此前，我编写的六本书《丰田生产方式》《5S》《可视化》《工厂管理》《制造管理》《人力资源开发》已经出版发行。其中《丰田生产方式》《5S》分别于 2017 年、2019 年进行了修订，而此次《可视化》也获得了修订机会。在此，我要对所有读者一直以来对我的支持与厚爱，表示衷心的感谢。

我还想借此机会感谢 Consult Sourcing 公司的工作人员，和秀和 System 的编辑团队在本书的执笔过程中，提供的支持和帮助。

石川秀人
2020 年 2 月

东方出版社助力中国制造业升级

书 名	ISBN	定 价
精益制造001：5S推进法	978-7-5207-2104-2	52元
精益制造002：生产计划	978-7-5207-2105-9	58元
精益制造003：不良品防止对策	978-7-5060-4204-8	32元
精益制造004：生产管理	978-7-5207-2106-6	58元
精益制造005：生产现场最优分析法	978-7-5060-4260-4	32元
精益制造006：标准时间管理	978-7-5060-4286-4	32元
精益制造007：现场改善	978-7-5060-4267-3	30元
精益制造008：丰田现场的人才培育	978-7-5060-4985-6	30元
精益制造009：库存管理	978-7-5207-2107-3	58元
精益制造010：采购管理	978-7-5060-5277-1	28元
精益制造011：TPM推进法	978-7-5060-5967-1	28元
精益制造012：BOM物料管理	978-7-5060-6013-4	36元
精益制造013：成本管理	978-7-5060-6029-5	30元
精益制造014：物流管理	978-7-5060-6028-8	32元
精益制造015：新工程管理	978-7-5060-6165-0	32元
精益制造016：工厂管理机制	978-7-5060-6289-3	32元
精益制造017：知识设计企业	978-7-5060-6347-0	38元
精益制造018：本田的造型设计哲学	978-7-5060-6520-7	26元
精益制造019：佳能单元式生产系统	978-7-5060-6669-3	36元
精益制造020：丰田可视化管理方式	978-7-5060-6670-9	26元
精益制造021：丰田现场管理方式	978-7-5060-6671-6	32元
精益制造022：零浪费丰田生产方式	978-7-5060-6672-3	36元
精益制造023：畅销品包装设计	978-7-5060-6795-9	36元
精益制造024：丰田细胞式生产	978-7-5060-7537-4	36元
精益制造025：经营者色彩基础	978-7-5060-7658-6	38元
精益制造026：TOC工厂管理	978-7-5060-7851-1	28元

书　名	ISBN	定　价
精益制造027：工厂心理管理	978-7-5060-7907-5	38元
精益制造028：工匠精神	978-7-5060-8257-0	36元
精益制造029：现场管理	978-7-5060-8666-0	38元
精益制造030：第四次工业革命	978-7-5060-8472-7	36元
精益制造031：TQM全面品质管理	978-7-5060-8932-6	36元
精益制造032：丰田现场完全手册	978-7-5060-8951-7	46元
精益制造033：工厂经营	978-7-5060-8962-3	38元
精益制造034：现场安全管理	978-7-5060-8986-9	42元
精益制造035：工业4.0之3D打印	978-7-5060-8995-1	49.8元
精益制造036：SCM供应链管理系统	978-7-5060-9159-6	38元
精益制造037：成本减半	978-7-5060-9165-7	38元
精益制造038：工业4.0之机器人与智能生产	978-7-5060-9220-3	38元
精益制造039：生产管理系统构建	978-7-5060-9496-2	45元
精益制造040：工厂长的生产现场改革	978-7-5060-9533-4	52元
精益制造041：工厂改善的101个要点	978-7-5060-9534-1	42元
精益制造042：PDCA精进法	978-7-5060-6122-3	42元
精益制造043：PLM产品生命周期管理	978-7-5060-9601-0	48元
精益制造044：读故事洞悉丰田生产方式	978-7-5060-9791-8	58元
精益制造045：零件减半	978-7-5060-9792-5	48元
精益制造046：成为最强工厂	978-7-5060-9793-2	58元
精益制造047：经营的原点	978-7-5060-8504-5	58元
精益制造048：供应链经营入门	978-7-5060-8675-2	42元
精益制造049：工业4.0之数字化车间	978-7-5060-9958-5	58元
精益制造050：流的传承	978-7-5207-0055-9	58元
精益制造051：丰田失败学	978-7-5207-0019-1	58元
精益制造052：微改善	978-7-5207-0050-4	58元
精益制造053：工业4.0之智能工厂	978-7-5207-0263-8	58元
精益制造054：精益现场深速思考法	978-7-5207-0328-4	58元
精益制造055：丰田生产方式的逆袭	978-7-5207-0473-1	58元

书　名	ISBN	定　价
精益制造056：库存管理实践	978-7-5207-0893-7	68元
精益制造057：物流全解	978-7-5207-0892-0	68元
精益制造058：现场改善秒懂秘籍：流动化	978-7-5207-1059-6	68元
精益制造059：现场改善秒懂秘籍：IE七大工具	978-7-5207-1058-9	68元
精益制造060：现场改善秒懂秘籍：准备作业改善	978-7-5207-1082-4	68元
精益制造061：丰田生产方式导入与实践诀窍	978-7-5207-1164-7	68元
精益制造062：智能工厂体系	978-7-5207-1165-4	68元
精益制造063：丰田成本管理	978-7-5207-1507-2	58元
精益制造064：打造最强工厂的48个秘诀	978-7-5207-1544-7	88元
精益制造065、066：丰田生产方式的进化——精益管理的本源（上、下）	978-7-5207-1762-5	136元
精益制造067：智能材料与性能材料	978-7-5207-1872-1	68元
精益制造068：丰田式5W1H思考法	978-7-5207-2082-3	58元
精益制造069：丰田动线管理	978-7-5207-2132-5	58元
精益制造070：模块化设计	978-7-5207-2150-9	58元
精益制造071：提质降本产品开发	978-7-5207-2195-0	58元
精益制造072：这样开发设计世界顶级产品	978-7-5207-2196-7	78元
精益制造073：只做一件也能赚钱的工厂	978-7-5207-2336-7	58元
精益制造074：中小型工厂数字化改造	978-7-5207-2337-4	58元
精益制造075：制造业经营管理对标：过程管理（上）	978-7-5207-2516-3	58元
精益制造076：制造业经营管理对标：过程管理（下）	978-7-5207-2556-9	58元
精益制造077：制造业经营管理对标：职能管理（上）	978-7-5207-2557-6	58元
精益制造078：制造业经营管理对标：职能管理（下）	978-7-5207-2558-3	58元
精益制造079：工业爆品设计与研发	978-7-5207-2434-0	58元
精益制造080：挤进高利润医疗器械制造业	978-7-5207-2560-6	58元
精益制造081：用户价值感知力	978-7-5207-2561-3	58元
精益制造082：丰田日常管理板：用一张看板激发团队士气	978-7-5207-2688-7	68元
精益制造083：聚焦用户立场的改善：丰田式改善推进法	978-7-5207-2689-4	58元

书　　名	ISBN	定　价
精益制造084：改善4.0：用户主导时代的大规模定制方式	978-7-5207-2725-9	59元
精益制造085：艺术思维：让人心里一动的产品设计	978-7-5207-2562-0	58元
精益制造086：交付设计	978-7-5207-2986-4	59.8元
精益制造087：用BOM整合供应链生态	978-7-5207-2968-0	59.8元
精益制造088：PLM上游成本管理	978-7-5207-3396-0	59.8元

"精益制造"专家委员会

齐二石　天津大学教授（首席专家）

郑　力　清华大学教授（首席专家）

李从东　暨南大学教授（首席专家）

江志斌　上海交通大学教授（首席专家）

关田铁洪（日本）　原日本能率协会技术部部长（首席专家）

蒋维豪（中国台湾）　益友会专家委员会首席专家（首席专家）

李兆华（中国台湾）　知名丰田生产方式专家

鲁建厦　浙江工业大学教授

张顺堂　山东工商大学教授

许映秋　东南大学教授

张新敏　沈阳工业大学教授

蒋国璋　武汉科技大学教授

张绪柱　山东大学教授

李新凯　中国机械工程学会工业工程专业委员会委员

屈　挺　暨南大学教授

肖　燕　重庆理工大学副教授

郭洪飞　暨南大学副教授

毛少华　广汽丰田汽车有限公司部长

金　光	广州汽车集团商贸有限公司高级主任
姜顺龙	中国商用飞机责任有限公司高级工程师
张文进	益友会上海分会会长、奥托立夫精益学院院长
邓红星	工场物流与供应链专家
高金华	益友会湖北分会首席专家、企网联合创始人
葛仙红	益友会宁波分会副会长、博格华纳精益学院院长
赵　勇	益友会胶东分会副会长、派克汉尼芬价值流经理
金　鸣	益友会副会长、上海大众动力总成有限公司高级经理
唐雪萍	益友会苏州分会会长、宜家工业精益专家
康　晓	施耐德电气精益智能制造专家
缪　武	益友会上海分会副会长、益友会/质友会会长

东方出版社

广州标杆精益企业管理有限公司

标杆精益®
BENCHMARK LEAN

人民东方出版传媒
People's Oriental Publishing & Media
東方出版社
The Oriental Press

图字：01-2022-6207 号

ZUKAI NYUMON BUSINESS SEIZOGENBA NO MIERUKA NO KIHON TO JISSEN GA YO~KU WAKARU HON〔DAI2HAN〕by Hideto Ishikawa
Copyright © Hideto Ishikawa, 2020
All rights reserved.
First published in Japan by Shuwa System Co., Ltd., Tokyo.

This Simplified Chinese edition is published by arrangement with Shuwa System Co., Ltd., Tokyo in care of Tuttle-Mori Agency, Inc., Tokyo through Hanhe International(HK) Co., Ltd.

图书在版编目（CIP）数据

生产现场可视化 /（日）石川秀人 著；韩冰 译. —北京：东方出版社，2024.3
（精益制造；90）
ISBN 978-7-5207-3780-7

Ⅰ.①生… Ⅱ.①石…②韩… Ⅲ.①生产管理 Ⅳ.①F273

中国国家版本馆 CIP 数据核字（2024）第 001559 号

精益制造 090：生产现场可视化
（JINGYI ZHIZAO 090：SHENGCHAN XIANCHANG KESHIHUA）

作　　者：	〔日〕石川秀人
译　　者：	韩冰
责任编辑：	**高琛倩**
出　　版：	东方出版社
发　　行：	人民东方出版传媒有限公司
地　　址：	北京市东城区朝阳门内大街 166 号
邮　　编：	100010
印　　刷：	北京明恒达印务有限公司
版　　次：	2024 年 3 月第 1 版
印　　次：	2024 年 3 月第 1 次印刷
开　　本：	880 毫米×1230 毫米　1/32
印　　张：	10.5
字　　数：	191 千字
书　　号：	ISBN 978-7-5207-3780-7
定　　价：	59.80 元

发行电话：(010) 85924663　85924644　85924641

版权所有，违者必究

如有印装质量问题，我社负责调换，请拨打电话：(010) 85924602　85924603